本书系，2022年黑龙江省哲学社会科学研究规划项目（项目编号：22FXB102）阶段性成果。2024年黑龙江省哲学社会科学规划项目（项目号：24FXC006）的阶段性成果。

俄罗斯联邦有价证券市场法

宫　楠　张月萍　译
贾少学　校

吉林大学出版社

·长春·

图书在版编目(CIP)数据

俄罗斯联邦有价证券市场法 /宫楠,张月萍译著.
—长春：吉林大学出版社，2024.11 — ISBN 978-7
-5768-4619-5

Ⅰ.D951.222.8

中国国家版本馆 CIP 数据核字第 2025Q1A070 号

书　　名：**俄罗斯联邦有价证券市场法**
ELUOSI LIANBANG YOUJIA ZHENGQUAN SHICHANGFA

作　　者：宫　楠　张月萍
策划编辑：黄国彬
责任编辑：马宁徽
责任校对：矫　正
装帧设计：卓　群
出版发行：吉林大学出版社
社　　址：长春市人民大街 4059 号
邮政编码：130021
发行电话：0431－89580036/58
网　　址：http://www.jlup.com.cn
电子邮箱：jldxcbs@sina.com
印　　刷：天津鑫恒彩印刷有限公司
开　　本：787mm×1092mm　1/16
印　　张：13.75
字　　数：220 千字
版　　次：2025 年 3 月　第 1 版
印　　次：2025 年 3 月　第 1 次
书　　号：ISBN 978-7-5768-4619-5
定　　价：78.00 元

版权所有　翻印必究

序　言

《俄罗斯联邦有价证券市场法》作为俄罗斯金融市场监管的重要法律基石，对于理解该国证券市场的运作机制、法律框架及投资者保护体系具有不可替代的价值。本法自颁布以来，经历了多次修订与完善，不仅反映了俄罗斯金融市场的发展历程，也体现了全球金融市场变化对俄罗斯法律体系的深刻影响。

本书是对该法律文本的翻译，旨在为中国读者提供一个直接、便捷的途径，以深入了解俄罗斯证券市场的法律环境。在翻译过程中，我们严格遵循了法律翻译的准确性与专业性原则，力求确保每一个法律术语、每一条款都忠实于原著，同时兼顾中文表达的清晰与流畅。本书的第一编、第二编、第三编由宫楠翻译，第四编、第五编、第六编由张月萍翻译。

《俄罗斯联邦有价证券市场法》涵盖了证券的发行与交易、市场参与者的权利与义务、信息披露制度、市场监管机制以及违法行为的法律责任等多个方面，形成了一个完整、系统的法律框架。本书通过详细还原这些法律规定，不仅能够帮助读者全面了解俄罗斯证券市场的法律基础，还能为研究者提供丰富的实证材料，为投资者提供决策参考，为法律从业者提供实践指导。

值得一提的是，本书在翻译过程中参考了大量的相关文献、案例及官方解释，以确保翻译的准确性和权威性。同时，我们也注意到了俄罗斯金融市场与全球金融市场的紧密联系，因此在翻译中特别关注了本法与国际金融法规的衔接与协调，以期为读者提供一个更加全面的俄罗斯证券市场法律图景。

该书系中国—上海合作组织国际司法交流合作培训基地上海合作组织成

员国法律翻译与数据库建设工程项目成果。在本译著翻译、审校及出版过程中，很多同仁都给予了宝贵的支持和帮助，上海政法学院贾少学教授、华东政法大学李瑶博士、华东政法大学王竞可博士、上海政法学院张警心老师都对本书的出版给予巨大支持。我们要感谢所有在翻译、审校及出版过程中给予支持与帮助的同仁，正是你们的辛勤付出，才使得这本书得以顺利面世。本书难免有错漏之处，恳请各位专家学者批评指正。

宫 楠 张月萍

2024 年 11 月

目录
Contents

第一章　总则 ……………………………………………………（2）

　一、本法调整的关系 …………………………………………（2）

第二章　有价证券市场参与者 …………………………………（7）

　一、证券市场专门活动种类 …………………………………（7）

　二、交易所有价证券的准入 …………………………………（66）

第三章　可发行有价证券 ………………………………………（80）

　一、可发行有价证券的基本规定 ……………………………（80）

　二、有价证券的发行 …………………………………………（87）

　三、有价证券的流转 …………………………………………（133）

第四章　有价证券市场信息保障 ………………………………（148）

　一、证券市场信息披露 ………………………………………（148）

　二、使用证券市场的业务信息 ………………………………（157）

　三、证券市场的广告 …………………………………………（157）

第五章　有价证券市场的调整 …………………………………（158）

　一、有价证券市场调整的基础 ………………………………（158）

二、有价证券市场职业参加人的活动规范 …………………………（158）

三、俄罗斯银行的职能与权限 …………………………………………（166）

四、金融市场领域的自律组织 …………………………………………（175）

第六章　附则 …………………………………………………………（179）

(1996年4月22日关于施行《俄罗斯联邦有价证券市场法》的第39号联邦法律)

俄罗斯联邦有价证券市场法

国家杜马1996年3月20日通过

联邦委员会1996年4月11日批准

(经1998年11月26日、1999年7月8日、2001年8月7日、2002年12月28日、2004年6月29日、2004年7月28日、2005年3月7日、2005年6月18日、2005年12月27日、2006年1月5日、2006年4月15日、2006年7月27日、2006年10月16日、2006年12月30日、2007年4月26日、2007年5月17日、2007年10月2日、2007年12月6日、2007年12月6日、2008年10月27日、2008年12月22日、2008年12月30日、2009年2月9日、2009年4月28日、2009年6月3日、2009年7月19日、2009年11月25日、2009年12月27日、2010年4月22日、2010年7月27日、2010年10月4日、2011年2月7日、2011年6月3日、2011年6月27日、2011年7月1日、2011年7月11日、2011年11月21日、2011年11月30日、2011年12月7日、2012年6月14日、2012年7月28日、2012年12月29日、2013年6月28日、2013年7月23日、2013年7月23日、2013年7月23日、2013年12月21日、2013年12月28日、2014年7月21日、2014年12月29日、2015年4月6日、2015年6月29日、2015年7月13日、2015年7月13日、2015年12月30日、2015年12月30日、2016年7月3日、2017年6月18日、2017年6月30日、2017年7月18日、2017年11月25日、2017年12月31日、2018年4月18日,2018年4月23日,2018年8月

3 日，2018 年 11 月 28 日，2018 年 12 月 27 日，2019 年 6 月 17 日，2019 年 7 月 26 日，2019 年 8 月 2 日，2019 年 11 月 26 日，2019 年 12 月 2 日，2019 年 12 月 27 日，2020 年 4 月 7 日，2020 年 7 月 20 日，2020 年 7 月 31 日，2021 年 6 月 11 日，2021 年 7 月 1 日和 2 日，2022 年 4 月 16 日，2022 年 7 月 14 日，2022 年 10 月 20 日联邦法律修改和增补。）

第一章 总则

一、本法调整的关系

第 1 条 本法调整的对象

本法调整非特定类型发行人的有价证券在发行和流转过程中所产生的关系，联邦法律规定的其他有价证券在流转过程中所产生的关系，以及有价证券市场职业参与人的创设与活动。

（本条由 2014 年 12 月 29 日第 460 号联邦法修订，2015 年 10 月 1 日起生效）

第 2 条 本法使用的主要术语

（本条由 2018 年 12 月 27 日第 514 号联邦法修订，2020 年 1 月 1 日起生效）

1. 本联邦法主要使用的术语。

（1）可发行有价证券。任何同时拥有下列特征的有价证券。

根据本法规定的形式和程序，应当委托、转让和无条件实现的财产权利和非财产权利的集合；通过发行和补充发行进行分配；单次发行证券总额和实现权利期限相同，无须取决于获得证券时间；

(2)有价证券的发行。单一发行人的所有有价证券的集合对其持有人提供相同的权利数量与权利期限，如果依据俄罗斯联邦法律规定具有票面价值的情形下，则具有同等的票面价值。有价证券的发行将被分配登记号，该登记号用于同期发行的所有证券；

(3)有价证券的增发。对之前同期发行配售的有价证券进行补充配售有价证券的集合。有价证券的增发参照同等条件进行配售；

(4)国家注册号码。国家注册的标识有价证券发行的数字代码(字母、符号)；

(5)持有人。作为基于所有权或其他物权的无纸化有价证券或者实物证券的权利人，并在登记簿(个人账户或托管账户登记簿)登记的人；

(6)有价证券权利人。有价证券所有权人，以及其他根据联邦法律或内部规定以自己名义享有有价证券权利的持有人和其他人；

(7)发行人。能够以自己名义或公权机关名义，对有价证券持有人实现其证券权利承担责任的法人、国家权力机关**和地方**自治机关；

(8)专门组织。符合本法第3.1章规定的商业团体；

(9)有价证券的发行行为。本法所规定的有价证券发行主体及其他人所实施的与配售发行有价证券相关的一系列活动；

(10)股票。可发行有价证券，确定其持有者(股东)对以股息形式获得股份公司部分利润、参与股份公司管理、公司清算后部分财产的权利；

(11)债券。可发行有价证券，确定其持有者获得债券发行者规定期限内票面价值或其他财产等价物的权利。债券也可以确定其持有者获得债券票面价值固定利息的权利或其他财产权。利息和(或)贴现均属于债券收入；

(12)发行期权。可发行有价证券，确定其持有人在规定期限内和(或)规定情况下，按照发行期权确定的股权价格，购买确定数量发行股票的权利。对发行期权及其配售的决定应按照联邦法律规定的可转换为股票的证券配售规则。同时，股票配售价格在根据发行期权履行请求时，应根据发行期权规定价格确定；

(13)俄罗斯存托凭证。是一种不具有票面价值的发行证券，能够证明一定数量证券（主要指能够证明外国发行人股票或债券权利的外国发行人的股票或债券，或其他外国发行人的有价证券）的所有权。凭证持有人具有要求俄罗斯存托凭证机关提供存托凭证载明相应数额有价证券的权利，并提供俄罗斯存托凭证持有人实现其有价证券相关权利的相应服务。如果凭证出具人对俄罗斯存托凭证持有人负担债务，则凭证持有人有权要求其履行相应义务；

(14)有价证券的配售。有价证券第一手持有人通过民事法律交易转移有价证券的所有权；

(15)有价证券的公开配售（以公开认购方式配售证券）。通过证券交易所和(或)广告等方式，向不特定人配售有价证券。证券交易所中向职业投资人配售证券，或者对职业投资人依本联邦法规定配售和本联邦法规定限制配售的有价证券，采取不公开配售方式，并使用投资平台进行有价证券配售；

（本款由2020年7月31日第306号联邦法修订）

(16)有价证券的流转。通过缔结民事法律交易转移持有有价证券权利；

(17)有价证券的公开流转。通过包括证券交易所和使用广告方式，向不特定人提出要约买卖有价证券。证券交易所中向职业投资人配售证券，或者对职业投资人依本联邦法规定要求流转和本联邦法规定限制配售和流转的有价证券，采取不公开流转方式，并使用投资平台进行有价证券交易；

(18)证券市场的职业参与人。根据本联邦法设立，实施本联邦法第3.5条、第7条、第8条规定种类活动的法人，以及实施本联邦法第6.1条规定活动的人；

(19)有价证券市场的财务顾问。在证券市场上拥有执行破产和(或)经纪活动许可的法人，为发行机关提供准备有价证券招股说明的服务；

(20)有价证券的上市登记。交易组织者将有价证券列入准许签订买卖协议的交易所交易的有价证券清单，其中包括交易所开盘清单中列入的有价证券；

(21)有价证券的退市登记。交易组织者将有价证券从准许为签订买卖协议交易所交易的有价证券清单中剔除，其中包括交易所从开盘清单中剔除的有价证券；

第一章　总则

(22)金融工具。有价证券和金融衍生工具；

(本款由 2020 年 7 月 31 日第 306 号联邦法修订)

(23)金融衍生工具。约定以下一项或多项义务的合同(除托管合同，以及与自然人基于劳动合同签订与其履行劳动义务相关的员工认股权合同或自然人参与经营主体管理合同之外)：合同一方或双方承担定期或一次性支付款项的义务，包括相对方根据商品价格，证券价值，相应外汇汇率，利率，通货膨胀水平，价格变化，金融衍生工具价值，官方统计信息数据，周围环境的物理、生物和(或)化学指标值的变化所提出的支付要求，以及由于出现能够证明一个或多个法人、国家或市政部门未履行或不适当履行责任义务的现实情况(除委托合同和保险合同以外)，或者由于联邦法律或者俄罗斯联邦中央银行(以下简称俄罗斯银行)规范性法律文件规定的其他无法知晓和条件无法成就的情形，以及本款规定上述指数和价值发生变化的情形而提出的支付请求。同时，此类合同还可规定合同一方或双方承担将证券、商品或者货币交付另一方的义务，或签订金融衍生工具合同的义务；

根据签订合同规定条件，一方或双方当事人在相对方提出购买或出售有价证券、外汇或商品，或者签订金融衍生工具合同的义务；

合同一方承担在合同订立之日起 3 日内，将证券、外汇或者商品交付给合同相对方的义务，相对方承担该财产以及金融衍生工具的接受和支付义务；

(本款由 2020 年 7 月 31 日第 306 号联邦法修订)

(24)金融衍生工具负债的名义价值。据以确定作为金融衍生工具合同各方(一方)当事人货币债权的货币金额。同时，负债的名义价值可以通过固定货币金额或按照上述合同规定程序确定；

(25)控制人。是指根据订立财产委托管理合同和(或)普通合伙合同，和(或)委托合同，和(或)股东协议，和(或)其他以受控组织股票证明其权利为标的的协议，参与受控制组织管理，拥有直接或间接(通过其受控制人)处分受控制组织最高管理机构超过百分之五十表决权股份(股权)的权利，或者受控组织独任执行机关的任命权(选举权)和(或)受控组织合议执行机构超过百分之五十成员任命(选举)权利的人；

(26)受控人(受控组织)。直接或间接受控制人控制的法人；

(27)完成报表期限。报表期限是指提交财务报表规定期限届满后的报告期限或财务报表提交期限届满前编制财务报表的期限；

(28)发行人合并财务报表。发行人根据2010年7月27日第208号联邦法《合并财务报表法》编制的合并财务报表；

(29)发行人财务报表。发行人与其他组织未按照国际财务报告准则形成合并组织的情形下，由发行人根据2010年7月27日第208号联邦法《合并财务报表法》编制的财务报表；

(2020年7月31日出台的第306号联邦法律，自2021年10月1日对本联邦法第2条第1款补充了第29项。)

(30)适格投资人。根据联邦法律认定的合格投资人或根据本联邦法律被认定为合格投资人的人；

(2020年7月31日出台的第306号联邦法律，自2021年10月1日对本联邦法第2条第1款补充了第30项。)

(31)根据联邦法律认定的合格投资人。本联邦法律第51.2条第2款规定的人。

(本款由2020年7月31日第306号联邦法修订)

2. 本法中使用的"内幕消息"和"市场操纵"两个术语，其含义与2010年7月27日第224号联邦法《打击非法使用内幕消息和市场操纵法以及俄罗斯联邦个别立法法案修正案》中的定义相同。

3. 除非本法或其他有关有价证券联邦法另有规定，或者与相应法律关系本质出现抵触，否则本法规定的与有价证券持有人的相关规范，同样适用于以自己名义行使有价证券权利的其他人员。

第二章　有价证券市场参与者

(本编由 2013 年 12 月 21 日第 379 号联邦法修订)

一、证券市场专门活动种类

第 3 条　经纪活动

(本条由 2002 年 12 月 28 日第 185 号联邦法修订)

1. 经纪活动是根据与客户签订的有偿合同,以客户名义使用客户(其中包括配售的有价证券发行人)的资金或者以自己的名义使用客户资金实施的民事法律行为。

(本款由 2015 年 6 月 29 日第 210 号联邦法修订)

开展经纪活动的有价证券市场主体称为经纪人。

配售有价证券时,经纪人有权利用自己的资金在合同规定时间内购买未配售的有价证券。

2. 经纪人有义务按照客户的指示,以最有利的条件,妥善地执行客户的委托。如果在经纪服务协议和客户委托协议中并无此类指示,则经纪人在执行委托时应考虑所有对其执行委托有意义的情况,包括:执行期限、交易价格、执行交易和执行交易义务支出的费用,以及第三人不执行或不适当执行交易的风险。如果经纪服务协议约定了交易组织者或外国证券交易所,则经纪人必须在其中组织的交易中执行客户的委托,以及基于上述交易规范执行本项的规定。

如果履行交易时,实际交易条件较客户提出交易条件获利更多,经纪人无权因此获得补充性利益,除非经纪服务合同中规定了利益分配规则。

经纪人的交易报告必须包括每笔交易的价格和经纪人因执行交易而产生

的费用信息。如果经纪人利用比客户指定条件更有利的条件获得了额外利益，则交易报告中还应当包含关于所获得额外利益的数额信息。

(本款由2019年12月27日第454号联邦法修订)

(1)如果在《经纪服务协议》中规定，经纪人有权进行包括签订金融衍生工具合同在内的有价证券交易，可以同时作为包括非企业持有人在内交易各方的代表。

(本项由2018年12月27日第514号联邦法修订)

(2)如果当事人为不同客户利益或第三人为不同客户利益执行义务，导致经纪人作为交易中各方的代表，那么非基于组织交易签订合同而产生的义务，并不因债务人和债权人是同一人而终止。如果订立合同是在执行客户不包含合同价格或规定程序委托的情况下进行的，则经纪人无权签订上述合同。违反本款规定交易的后果是经纪人有义务偿还客户的损失。

(本项由2011年11月21日第327号联邦法第三条修订，自2012年1月1日起生效)

(3)如果经纪服务合同和客户委托约定，该委托通过经纪人以自有资金与第三人完成并完成后续与该客户交易。同时，该交易依据上述客户委托执行。则客户在与经纪人交易中的权利和义务必须与经纪人在与第三人交易中的权利和义务完全相同。

本款规定的客户委托通过经纪人与第三人以非交易所交易的方式履行的情形，由俄罗斯银行规范性法律文件规定。

(本项由2019年12月27日第454号联邦法修订)

(4)除非本联邦法另有规定，经纪人在接受客户有价证券交易委托并(或)签订金融衍生工具合同前，应当向非职业投资人客户提供信息或获取信息途径，包括：

1)有价证券和金融衍生工具价格或其他情况信息，或者确定交易性质必要的信息；

2)客户应当补偿经纪人为完成委托的花费，以及经纪人的佣金和佣金确定程序；

(本联邦法本条第2.4款第3项由2021年6月11日第192号联邦法补充，

自2021年9月10日起生效。)

　　3)俄罗斯银行有权规定,经纪人在接受有价证券交易委托和(或)签订金融衍生工具合同之前有义务向非适格投资人客户提供补充信息,以及此类信息的数量和构成,提供信息的程序、方法和期限,提供信息访问权限的方法和期限。

　　(本款由2019年12月27日第454号联邦法修订)

　　(5)本条第4项第1点和第2点规定之信息,应当使非职业投资人清楚。知晓提供有价证券规模、信息、提供程序、方法和期限,或者在证券交易市场依据基本规则完成交易操作的程序、方法和期限,该基本规则指依据2015年7月13日第223号联邦法律《金融市场领域自律组织法》规定的证券市场规则。本条第4项第1点规定的信息,或者获取信息路径,在由于欠缺提供能力而无法提供时,经纪人在上述基本规则规定的情形下,无须承担相应责任。

　　(本款由2021年6月11日第192号联邦法修订)

　　(6)经纪人未向委托人提供本条第4项第1点和第3点规定的信息,或未能获得该信息,在发生争议时,经纪人将无权以客户指示为依据,免除其在接受客户订单前因未能提供或获得相关信息而对经纪人造成损失的责任。

　　(本款由2021年6月11日第192号联邦法修订)

　　3. 为执行证券和(或)金融衍生工具合同交易而转移给经纪人的客户资金,以及经纪人根据此类交易和(或)经纪人根据与客户的合同执行(缔结)此类合同而收到的资金,必须保存在经纪人在信贷机构开立的独立银行账户(专门经纪账户)。经纪人应保持专门经纪账户上每个客户的资金记录,并向客户报告。专门经纪账户上的客户资金不得受经纪人债务影响而被追索。经纪人无权将自己的资金存入专门经纪账户,除非按照本条要求向客户提供贷款和(或)将资金返还给客户,以及俄罗斯银行规定的其他对客户履行债务的情况。

　　(本款由2009年11月25日第281号联邦法、2019年12月27日第454号联邦法修订)

　　本项自2021年1月1日起失效。2019年12月27日第454号联邦法修订。

　　如果经纪服务协议有约定,在通过上述资金保障客户委托的履行,或者根据客户要求返还的情况下，经纪人可以为自己利益使用专门经纪账户中的资金。经纪人为自己利益有权利用一个（多个）专门经纪账户上持有的客户资金，经纪人无权使用专门经纪账户外的客户资金。给予经纪人使用权的客户资金可以由经纪人存入其银行账户。

本项自 2021 年 1 月 1 日起失效。2019 年 12 月 27 日第 454 号联邦法修订。

(1)如果经纪服务合同中规定了专门经纪账户，则当经纪人为执行与允许交易的商品（包括贵金属）和（或）外汇的民事法律交易相关委托服务时，为执行此类交易而转移给经纪人的客户资金，以及经纪人在此类交易中收到的资金必须存放在专门经纪账户中。

（本款由 2020 年 7 月 31 日第 306 号联邦法修订）

(2)如果经纪协议有约定，客户可以将贵金属转让给经纪人，包括作为对经纪人承担债务的担保。上述贵金属可由经纪人在信贷机构开立的独立贵金属账户（专门贵金属经纪账户）持有。经纪人在由客户出资进行交易中收到的贵金属，也可以在贵金属的专门经纪账户中持有。

经纪人必须严格记录每个客户在专门贵金属经纪账户中持有的贵金属，并向客户报告。客户在专门贵金属经纪账户中持有财产不得因经纪人债务而被追索。经纪人不得将自己的贵金属存入专门贵金属经纪账户中。

（本项由 2019 年 12 月 27 日第 454 号联邦法修订）

(3)作为清算参与人的经纪人应根据客户要求，开立一个单独的专门经纪账户，用于履行和（或）保证履行被允许清算的债务，以及由该客户所签订合同中产生的债务。

（本项由 2019 年 12 月 27 日第 454 号联邦法修订）

(4)经纪人对客户负责，保证客户在专门经纪账户中的资金和其他资产的安全。

（本项由 2019 年 12 月 27 日第 454 号联邦法修订）

(5)本条第 3 款至第 3 款第 4 项的要求不应适用于信贷机构。

（本项由 2019 年 12 月 27 日第 454 号联邦法修订）

4. 客户以本款规定方式提供保证的情况下，为了完成有价证券买卖合同，经纪人有权向客户出借货币资金和（或）有价证券。利用经纪人出借的货币资金和（或）有价证券完成的交易称为保证金交易。

（本款由2015年6月29日第210号联邦法修订）

包括债务数额或借贷程序在内的债务合同条件，可以根据经纪服务合同确定。同时，经纪人的保证金交易经纪履行报告或其他规定合同条件的文件，被认可为证明向客户出借一定金额或一定数量有价证券的文件。

经纪人有权向客户收取发放借款的利息。作为客户债权担保，包括所提供借款，经纪人有权收取银行账户中的资金、贵重金属，以及俄罗斯银行法律规范中规定的其他种类财产。

（本项由2015年6月29日第210号联邦法、2019年12月27日第454号联邦法修订）

经纪人控制的客户有价证券和其他财产，包括客户为获取经纪人借贷作为保证的财产，应当由经纪人根据俄罗斯银行规定程序和条件进行重新评估。同时，为完成委托人委托对其订立交易要求也应当重新评估。

（本项由2015年6月29日第210号联邦法修订）

如果不能按期归还借款和（或）借用的有价证券，不能按期付清借款利息，以及出现经纪服务合同规定的情形，经纪人追索作为客户借款担保的资金和（或）有价证券，以非司法程序通过证券交易所交易将有价证券变卖来实现。

（本项由2011年11月21日第327号联邦法、2015年6月29日第210号联邦法修订）

本项失效。2015年6月29日第210号联邦法修订。

除非经纪服务合同中另有规定，承担根据客户委托向第三人转让财产义务的经纪人可以要求该客户向其提供并由其处分该财产，但以履行该义务时财产存在情况为限。如果客户未能履行上述要求，经纪人有权在未经客户委托的情况下，以经纪人持有的客户财产执行交易和（或）经纪人有权向客户要求通过其他客户财产的交易，来执行并抵偿对客户相关的财产请求。

（本款由2019年12月27日第454号联邦法修订）

本款所规定的经纪人未经客户委托而实施的交易，仅在俄罗斯银行所出台规范性法律文件规定的情形下可无须在交易所进行交易。

（本款由 2019 年 12 月 27 日第 454 号联邦法修订）

(1)除俄罗斯联邦外汇资金外，对可以作为客户对经纪人债务担保的财产，相关财产的交付要求根据俄罗斯银行规范性法律文件规定办理。

（本款由 2019 年 12 月 27 日第 454 号联邦法修订）

(2)如果执行客户的委托会导致违反联邦法律、俄罗斯银行的相关规范，以及由金融市场领域自律组织制定并由 2015 年 7 月 13 日第 223 号联邦法《金融市场领域自律组织法》批准的基本标准，或者将会导致利益冲突，则经纪人有权拒绝执行该委托。经纪人的上述权利应通过通知客户拒绝执行该委托来行使。

（本款由 2020 年 7 月 31 日第 306 号联邦法修订）

5. 经纪人有权获得供职业投资人使用的有价证券，本联邦法规定的对于配售和流通供职业投资人使用有价证券的要求和限制所适用的，根据联邦法律配售和流通的有价证券，以及签订根据本联邦法律和其他联邦法律只能由适格投资人签订的金融衍生工具合同，而其前提是实施此类交易(签订此类合同)的客户是合格投资人。在这种情况下，证券或者金融衍生工具被视为供职业投资人指定使用。同时，如果根据俄罗斯银行的规范性法律文件规定的只能由职业投资人或者为职业投资人实施的证券交易(金融衍生工具合同)，则证券或者金融衍生工具被视为供职业投资人指定使用。

（本款由 2009 年 11 月 25 日第 281 号联邦法、2011 年 2 月 7 日第 8 号联邦法、2013 年 7 月 23 日第 251 号联邦法、2020 年 7 月 31 日第 306 号联邦法修订）

6. 经纪人违反本条第 5 款的规定，从事证券交易和签订属于金融衍生工具的合同，包括无法律依据认定客户为职业投资人的情形，其后果有以下两个方面。

一是，经纪人承担为客户自费获取符合客户要求有价证券的义务，并补偿客户完成该交易的全部费用，包括经纪人服务费、托管费、交易所和结算组织的费用；

（本项由 2020 年 7 月 31 日第 306 号联邦法修订）

二是，经纪人有义务向客户支付相当于客户在缔结和执行金融衍生工具

第二章　有价证券市场参与者

合同方面损失的款项,包括客户在缔结该交易时产生的所有费用,包括经纪人、托管机构、结算组织和证券交易所的费用。

(本项由 2020 年 7 月 31 日第 306 号联邦法修订)

(1)经纪人违反本联邦法律第 3.1 条第 1 款第 4 项规定要求购买有价证券的后果是,经纪人有义务应客户要求自费自客户处购买有价证券,并补偿客户实施上述交易所产生的所有费用,包括支付经纪人、托管机构、清算组织和交易所服务的费用。本款规定后果应适用于获取由经纪人持有支配有价证券的情形。如果不存在由经纪人可处分持有有价证券,则应适用本条第 6.2 款规定的后果。

(本项由 2020 年 7 月 31 日第 306 号联邦法修订)

(2)经纪人违反本联邦法律第 3.1 条第 1 款第 1—3 项和第 5 项的要求签订协议的后果是,经纪人有义务赔偿客户因签订和履行合同而遭受损失,包括客户在交易期间发生的所有费用,包括向经纪人、托管机构、清算组织和交易所支付费用。

(本项由 2020 年 7 月 31 日第 306 号联邦法修订)

(3)如果经纪人违反本联邦法第 3.1 条第 6 款、第 51.2.1 条实施测试的要求,则适用本条第 1 项或第 2 项规定的后果。

(本项由 2020 年 7 月 31 日第 306 号联邦法修订)

7. 根据本条第 6 款第 1 项或本条第 6.1 款所规定的情形,购买证券的价格主要由本条第 6 款第 1 项或本条第 6.1 款所规定的购买证券价格或市场价格确定。

(本款由 2020 年 7 月 31 日第 306 号联邦法修订)

8. 客户可在收到相关经纪人关于其交易报告之日起一年内提出适用本条第 6 款至第 6.3 款规定后果的申请。

(本款由 2020 年 7 月 31 日第 306 号联邦法修订)

9. 为了签订经纪服务协议,经纪人只有在授权协议的基础上才有权聘请另一个法人(以下简称经纪人的代理人)。经纪人要对经纪人的代理人违反俄罗斯联邦的法律和俄罗斯银行的规范性法律文件的行为负责。聘用代理经纪人的条件和程序由根据 2015 年 7 月 13 日第 223 号联邦法《金融市场领域自律组织法》中的规定要求，以及协商、批准的基本标准而制定。

（2021年6月11日出台的第192号联邦法律，自2021年9月10日对本联邦法第3条补充了第9款第1项）

(1)独立行事的经纪人或被授权的代理经纪人，应向拟与经纪人签订经纪服务协议的自然人提供有关协议的准确信息，包括其条款、条件以及与执行协议有关的风险。所提供信息的数量和内容的最低(标准)要求，在保护接受由联合经纪人自律组织成员提供的金融服务的个人和法人权利和利益的基本标准中规定，该标准是根据2015年7月13日第223号联邦法《金融市场领域自律组织法》和(或)俄罗斯银行出台的规范性法律文件的要求制定、协商并批准的。此类信息应以书面形式或电子方式提供。俄罗斯银行有权决定提供上述信息的形式、方法和程序。

（本项由2021年6月11日第192号联邦法修订）

10. 在执行客户未参与，但以经纪人或其他人依据与经纪人签订的合同为基础，向客户提供的以技术手段自动生成和传输的电子形式委托时，经纪人无权根据该委托执行的交易数量和(或)交易规模收取报酬，并需要将其执行信息与其他客户委托的执行信息分开。

（本联邦法第3.1条由2020年7月31日第192号联邦法补充，自2021年10月1日起生效。）

第3.1条 履行自然人客户委托的特性

1. 除非本联邦法律或其他联邦法律另有规定，否则非合格投资人自然人客户的委托，仅在根据本联邦法律第51.2.1条对自然人客户测试为正面结果的情况下可以由经纪人执行，其前提是该委托针对以下事项。

(1)经纪人承担自然人客户财产转让义务的交易，如果在承担此项义务之刻，自然人客户应当转让的财产未处于经纪人控制之下，则应当根据为该客户实施其他交易，或者如果经纪人应当根据为该客户实施其他交易转移上述财产时，在不迟于向经纪人转让该财产之日移交；

(2)清算参与人承担自然人客户财产转让义务的组织拍卖交易，如果在承担此项义务之刻，自然人客户应当转让的财产未处于清算参与人控制之下，则应当根据为该客户实施的其他交易为之，或者如果清算参与人应当根据为

该客户实施其他交易转移上述财产时,在不迟于向清算参与人转让该财产之日移交;

(3)非面向合格投资人的金融衍生工具合约;

(4)收购有价证券交易,但本条第 2 款规定有价证券除外;

(5)回购合同,但本条第 5 款和 5.1 款规定有价证券除外;

2. 执行自然人客户实施交易委托时,如果委托针对以下对象的收购交易,则无须要求进行客户测试。

(1)交易所报价清单中包含的有价证券,但债券除外;

(2)俄罗斯发行人债券(除结构性债券、可转换其他有价证券的债券以外,债券、付款金额包括利息,取决于本联邦法律第 2 条第 1 款第 23 项第 2 段规定一种或数种条件是否成就)应同时符合以下条件:

债券是根据俄罗斯联邦立法、欧亚经济联盟成员国或欧盟成员国外国法律发行的,或根据大不列颠及北爱尔兰联合王国的法律发行的,条件是该国与俄罗斯联邦之间已缔结避免双重征税的国际条约;

债券、其发行人或为债券提供抵押保证人的信用评级不得低于俄罗斯银行董事会规定水平;

(3)外国发行人的债券(除次级债券以外,债券、付款金额包括利息,取决于本联邦法律第 2 条第 1 款第 23 项第 2 段规定一种或数种条件是否成就,以及可转换为股票和其他有价证券的债券),但须符合以下条件:

发行人是作为欧亚经济联盟成员国或欧洲联盟成员国的外国国家以及在上述成员国外国国家注册登记的外国组织,或者在大不列颠及北爱尔兰联合王国注册登记的外国组织,条件是该外国与俄罗斯联邦之间已缔结避免双重征税的国际条约;

外国组织作为债券发行人的债券债务履行,由根据俄罗斯联邦立法建立的法人承担或执行,则该法人的信用评级不得低于俄罗斯银行董事会规定的水平;

(4)开放式和期间共同投资基金、交易所期间共同投资基金的共同投资;

(5)俄罗斯联邦国家有价证券,但有价证券除外,其付款金额包括利息,取决于本联邦法律第 2 条第 1 款第 23 项第 2 段规定一种或数种条件是否成就;

(6)未包含在交易所报价清单中的外国发行人股票或针对上述股票确定其权利的其他外国发行人有价证券，前提是上述股票至少按照俄罗斯银行董事会规定指数清单中一个指数计算，并向自然人客户提供有关此类有价证券所得税税率和纳税程序的信息；

(7)根据有价证券义务人属人法属于集体投资计划，在交易组织人与有价证券义务人之间具有合同允许组织交易，并且未包含在交易所报价清单中的外国有价证券，前提是此类证券的盈利能力根据其招股说明书（规则）由俄罗斯银行董事会规定指数清单中包含指数确定，并向自然人客户提供有关此类有价证券所得税税率和纳税程序的信息；

(8)符合俄罗斯银行规范性法律文件规定标准的其他证券。

5. 执行自然人客户签订回购协议的委托，无须进行测试，但应同时满足以下条件。

(1)该委托执行是与履行中央对手职能的人签订回购协议；

(2)经纪人承担自然人客户财产转让的义务，如果在承担此项义务之刻，自然人客户应当转让的财产处于经纪人控制之下，或者应当向经纪人移交用于为该客户实施其他交易，并且，经纪人没有义务转让上述财产用于为该客户实施其他交易。同时，交易双方当事人义务应当在不迟于委托约定回购合同项下义务履行期限届满前履行。

执行自然人客户签订回购协议的委托，无须进行测试，但应同时满足以下条件。

(1)如果经纪人根据回购协议第一部分获得回购，需要转让为客户履行上述回购协议签订前产生的债务。同时，根据回购协议第一部分收到的回购金额可以超过该债务价值，但不得超过等同于根据回购协议第一部分转让的一手有价证券或一种有价证券价值的价格；

(2)回购协议第二部分的义务履行期限不得迟于回购协议第一部分义务履行之日起三个工作日；

(3)除非回购协议第二部分价值或确定该价值程序，由经纪服务协议规定。

6. 除非本条另有规定，在获得负面测试结果后，经纪人可以拒绝执行需要进行测试自然人客户的委托。

7. 如果经纪人在收到自然人客户委托后进行测试为负面结果，经纪人有权执行此类委托时应同时遵守以下条件。

(1)经纪人向自然人客户提供与执行交易委托相关的风险通知(以下简称风险委托通知)。同时，风险委托通知必须说明，对于客户不适合的接受委托金融工具交易和业务；

(2)自然人客户向经纪人声明接受与委托交易执行相关的风险(以下简称接受风险声明)；

(3)有价证券交易的金额，金融衍生工具债务的名义价值，或者如果此类金融衍生工具规定了独立于该合同规定债务，经纪人为客户向对方当事人支付价款的义务，金融衍生工具负债的名义价值和规定金额不超过十万卢布，或者如果一手证券或一种证券的价值超过十万卢布，交易金额分别不超过一手有价证券或一手有价证券的价值。

8. 经纪人有义务自收到风险接受声明之日起至少保留三年。

9. 风险委托通知的内容、形式，提供风险委托通知的程序，发送风险接受声明的程序，风险接受声明的保存程序，应当由保护接受经纪人金融服务的自然人和法人权益的基本标准加以规定。

10. 非合格投资人自然人客户拒绝进行测试，是经纪人拒绝执行委托的根据；

11. 在合同规定情形下，经纪人在具有正面测试结果的情况下拒绝执行自然人客户的委托，则将导致对自然人客户进行重复测试。

第4条　证券交易商活动

交易商活动是指以自己的名义和资金进行证券买卖交易，通过公开宣布某些证券的购买和(或)销售价格，并根据其公布有价证券价格承担购买和(或)出售证券义务的交易活动。

证券市场中从事交易商活动的职业参与人被称为交易商。交易商只能是作为商业组织的法人和国有企业，国有企业应当是由联邦法律规定的能够从事证券交易活动的主体。

除价格以外，交易商具有公告证券买卖合同其他重要条件的权利：购买和(或)出售证券的最小和最大数量,以及公布价格的有效期限。如果公告中未规定其他必要条件,交易商有义务按照客户提出的基本条件签订合同。如果交易商逃避合同的订立,可以针对其提起强制签订合同诉讼和(或)对客户造成损失给予赔偿诉讼。

(本条由 2014 年 12 月 29 日第 460 号联邦法修订,2015 年 10 月 1 日起生效)

第 4.1 条 外汇交易商活动

(本条由 2014 年 12 月 29 日第 460 号联邦法修订)

1. 外汇交易商活动是指以自己的名义和资金,与非个人独资企业的自然人在交易所外进行的外汇交易活动:

金融衍生工具合同,合同双方的责任取决于各自货币和(或)货币汇率变化,外汇交易商向非个人独资企业法人的自然人提出的签订合同条件,以及在超出自然人向证券交易商提供担保金额的情况下承担债务的能力;

两个或两个以上标的为外币或货币的合同,其合同的履行责任期限是相同的,债务的债权人在另一合同中是具有类似义务的债务人,以下各项可以作为非个人独资企业性质证券交易商向自然人提出的签订合同条件,包括承担债务的能力、超出自然人向证券交易商提供担保的金额。

本条第 2 款和第 3 款规定的合同,即金融衍生工具合同和两个或两个以上标的为外币或货币的合同。只能针对由履行提供公共服务职能、管理技术调整领域的国有资产并保证计量统一的联邦行政机关所规定的,具有数字和字母代码的外汇签订。

(2020 年 7 月 31 日出台的第 306 号联邦法律,自 2021 年 10 月 1 日对本联邦法第 4.1 条补充了第 1 款第 1 项。)

(1)除非本条另有规定,否则本条第 1 款规定合同只有在外汇交易商被认可为合格投资人的情况下,才能与非个人独资企业自然人签订。外汇交易商违反本款要求,包括非法承认自然人为合格投资人,其后果是外汇交易商有义务赔偿该人因订立合同所造成损失,包括自然人签订合同时所发生费用。

(本项由 2020 年 7 月 31 日第 306 号联邦法修订)

2. 证券市场中开展证券交易商活动的职业参与人被称为证券交易商。证

第二章　有价证券市场参与者

券交易商只有在加入金融市场的自律组织,成为联合证券交易商之后,根据2015年7月13日第223号联邦法《金融市场领域自律组织法》规定的程序,有权在金融市场开展活动。

3. 从单词"证券"中派生出来的单词及其与公司名称的词组只能由证券交易商使用。

4. 证券交易商缔结本条第1款规定合同的活动属于例外情形。证券交易商无权将其活动与证券市场上的其他专业活动及其他活动相结合。

5. 证券交易商的自有所持资金数量应不少于一亿卢布。如果非个人独资企业的自然人在证券交易商名义账户的资金金额超过1.5亿卢布,那么,该证券交易商的自有资金数额应提高到该名义账户(多个名义账户)中非个人独资企业的自然人资金数额的百分之五。确定非个人独资企业的自然人在证券交易商名义账户(多个账户)上持有资金数额,以及计算证券交易商自有资金数额的程序、结算的期限,均由俄罗斯银行规范性法律文件规定。

(本款由2016年7月3日第292号联邦法修订)

6. 证券交易商与非个人独资企业的自然人签订的合同,应当明确双方之间义务关系(以下简称"框架合同")的一般条件,该条件由各方在单独的合同中规定。单独合同的签订是在遵守框架合同的前提下,通过证券交易商报价和指定自然人申请而完成。限制证券交易商责任的协议是无效的。

框架合同的文本、报价和提交申请程序必须符合本法规定,以及框架合同的示范条款,框架合同的示范条款必须包含在金融市场运行的基本标准中,基本标准由联合证券交易商金融市场领域的自律组织制定,并由2015年7月13日第223号联邦法《金融市场领域自律组织法》批准和同意。

(本款由2016年7月3日第292号联邦法修订)

证券交易商需要在联合证券交易商的金融市场自律组织中,注册框架合同的文本。

(本款由2016年7月3日第292号联邦法修订)

7. 证券交易商在与非个人独资企业的自然人签订框架合同之前,必须向其取得确认书,确认该自然人已知悉框架合同和单独合同项下签订、执行和终止义务的相关风险,并接受此类风险。俄罗斯银行的规范性法律文件规定了该自然人应知悉的风险清单和确认接受的形式。

8. 在证券交易商名义账户专门科目所存储的非个人独资企业性质自然人的包括外汇在内的资金，是其对于证券交易商履行义务的保障。

9. 非个人独资企业的自然人向证券交易商提供的担保额度与其债务资金的比例不得低于1∶50。俄罗斯银行有权对以下行为加以变更，包括依据证券交易商自律组织的请求，根据本条第1款第2项规定的金融衍生工具基础资产或本条第1款第3项规定合同标的提高相应比例。与此同时，俄罗斯银行仅有权将该比例中自然人的债务金额增加不超过2倍。计算非个人独资企业的自然人债务金额的程序根据证券交易商自律组织与俄罗斯银行达成协议标准确定。

(本联邦法第1条第1款由2020年7月31日第306号联邦法补充，自2021年10月1日起生效。)

(1)外汇交易商有权与非个人独资企业且未被认可为合格投资人的自然人签订本条第1款规定合同，但须同时符合以下条件。

1)在对签订合同和之前与其签订合同义务重新评估的情况下，该自然人向外汇交易商提供的抵押保证金额，不得低于根据金融市场和联合外汇交易商领域自律组织制定金融市场业务实施基本标准规定程序所计算的抵押保证金额。同时，所需抵押保证金额的计算依据是，在99%的情形下，外币和(或)货币对卢布汇率的两天内变化值至少在过去365天内在此类价值分布单边置信区间内；

2)根据本联邦法律第51.2.1条规定对该自然人实施测试取得正面结果。

(本联邦法第4.1条第9款第2项由2020年7月31日第306号联邦法补充，自2021年10月1日起生效。)

(2)外汇交易商违反本条第9款第1项要求的后果是，外汇交易商有义务赔偿非个人独资企业因与外汇交易商缔结合同所造成的损失，包括自然人签订合同时所发生的费用。

(本款由2020年7月31日第306号联邦法修订)

10. 证券交易商必须在框架合同内，确定非个人独资企业的自然人提供的最小和最大资金比例，以保障其债务的实现，该履行期限视为持有单独合同双方履行债务的最后期限。

11. 如果非个人独资企业的自然人名义账户中的专项资金不足以满足证券交易商的要求，则无法被上述资金满足的证券交易商的资金要求被视为撤销。

12. 证券交易商与非个人独资企业的自然人签订合同项下的债务，以非现金形式执行。

（本款由2014年12月29日第460号联邦法修订，2016年1月1日起生效）

13. 由非个人独资企业的自然人转移给证券交易商的资金，必须存储在俄罗斯联邦境内开立银行中自然人指定的银行账户（设立自然人指定的银行账户），并记入证券交易商的名义账户。

（本款由2014年12月29日第460号联邦法修订，2016年1月1日起生效）

14. 如果证券交易商的名义账户内的资金，其权利属于若干非个人独资企业的自然人。每个自然人的货币资金必须通过银行中名义账户专门科目进行登记。依据名义账户合同自然人作为受益人的资金登记义务不能赋予证券交易商。在名义账户上执行操作的证券交易商由非个人独资企业的自然人指定，由其将资金记入名义账户或从名义账户中扣除。

（本款由2014年12月29日第460号联邦法修订，2016年1月1日起生效）

15. 证券交易商有权在未得到非个人独资企业的自然人适当指令的情况下，对名义账户业务下达指令，这只适用于执行与指定自然人签订的单独协议，或者有理由终止与指定自然人签订的单独合同项下约定义务。除名义账户合同另有规定外，银行在履行名义账户交易过程中所规定限制的情况下，无权要求证券交易商确认是否签订单独协议或是否有依据解除单独合同项下的义务。

16. 证券交易商有义务，依照俄罗斯银行规定程序和期限，保存所有订立合同的记录，以及与履行合同相关的操作记录。

17. 证券交易商无权实施下列行为。

（本项由2016年7月3日第292号联邦法修订）

(1)如果框架合同文本未在联合证券交易商金融市场领域的自律组织进行登记，则无权签订框架合同；

(2)在未经非个人独资企业的自然人申请的情况下签订单独合同，则其中应包含框架合同所规定参数；

(3)在同一周期与不同交易人以不同条件签订的类似单独合同。在此种情况下该周期由俄罗斯银行的规范性法律文件确定；

(4)合同签订后单方面改变条款；

(5)单方面终止合同；

(6)在销售报价条件未改变的情况下变更购买报价条件；

(7)向非个人独资企业的自然人提供贷款。

(本款由 2016 年 7 月 3 日第 292 号联邦法修订)

18. 证券交易商的软件和硬件必须符合其运营要求的性质和数量，并确保其活动的连续运营及数据保存，包括创建副本备份。证券交易商必须拥有位于俄罗斯联邦领土上的软件和硬件的基础和备份的复合体。按照风险管理的基本准则建立起的对证券交易商软件和硬件的规范要求，由联合证券交易商金融市场的自律组织制定，并按照 2015 年 7 月 13 日第 223 号联邦法《金融市场领域自律组织法》要求批准并同意。如果证券交易商不能遵守俄罗斯银行的规定，俄罗斯银行将拒绝上述要求。

19. 证券交易商向非个人独资企业的自然人提供贷款的交易无效。

20. 对于证券交易商与非个人独资企业的自然人之间的关系，包括合同的签订、终止和履行，提供保障和赔偿损失，均适用俄罗斯联邦法律。

21. 证券交易商和非个人独资企业的自然人签订合同所产生的请求受到司法保护。

22. 证券交易商和非个人独资企业的自然人订立合同所产生的诉讼，应当根据俄罗斯联邦法律规定提起诉讼。并可以根据当事各方的协议改变地域管辖权，此种情况下，各方必须在合同中约定，在俄罗斯联邦主体范围内，根据非个人独资企业的自然人居住地，确定将争议提交给具有管辖权的法院。证券交易商与非个人独资企业的自然人签订合同的纠纷不能移送至仲裁法院。

23. 证券交易商必须在"互联网"中拥有网站，其电子地址包括属于该证券

第二章 有价证券市场参与者

交易商的域名和权利。证券交易商在指定网站上有义务披露以下信息。

(1)由证券交易商确定签订单独合同报价的程序和条件;

(本项由2016年7月3日第292号联邦法修订)

(2)关于非个人独资企业的自然人根据与证券交易商签订合同获得的整体财务结果,其中载明各账户资金的比例(名义账户专门科目),包括自然人收到的消极财务结果的货币资金,自然人收到的积极财务结果的货币资金。与此同时,根据与证券交易商签订的协议,计算非个人独资企业的自然人所得的综合财务结果的程序,由金融市场上证券交易商的自律组织制定的风险管理基本标准确定,并依2015年7月13日第223号联邦法《金融市场领域自律组织法》批准和同意。如果不能确保遵守本法和俄罗斯银行法规的规定,俄罗斯银行将拒绝批准该核算程序。本分项规定的信息每季度披露一次;

(3)与证券交易商签订、执行和终止合同所引起的风险通知;

(本项由2016年7月3日第292号联邦法修订)

(4)在金融市场中注册的联合证券交易商的自律组织,框架合同的文本,以及订立单独合同的程序;

(5)本法第10.1条第1款第1项规定的人员以及符合既定要求的人员;

(6)俄罗斯银行规范性法律文件规定的其他信息。

(本款由2016年7月3日第292号联邦法修订)

24. 证券交易商必须在其互联网上的官方网站载入金融市场交易执行的基本标准,包含框架合同或对其的修订。

证券交易商无权在金融市场上适用包含框架合同新版本条款在内的交易基本标准。在履行金融市场业务基本准则之日前签订的单独合同之中,可包含对框架合同的更改。

(本款由2016年7月3日第292号联邦法修订)

25. 证券交易商必须保存按照金融市场业务基本标准确定的框架合同版本的持有文本。根据任何利害关系人的要求,证券交易商有义务提供由金融市场上证券交易商自律组织注册的框架合同副本及生效日期。证券交易商无权要求提供指定的框架合同副本。

26. 如果合同是在证券交易商与为非个人独资企业的自然人提供服务的经

纪人或受托人之间订立的，本条的规定也适用于本条第 1 款第 2 项和第 3 项规定的合同。如果证券交易商与非个人独资企业的自然人提供服务的经纪人或受托人签订了本条第 1 款第 2 项或第 3 项规定的合同，则履行或终止该合同下的义务按照本条的规定执行。在签订、执行或终止该合同时，证券交易商必须遵守本法规定的要求。

为非个人独资企业的自然人提供委托服务的经纪人或受托人，在同证券交易商签订框架合同之前，有义务通知证券交易商与其代表非个人独资企业的自然人签订合同事宜。

27. 本条规定不适用于根据关于银行和银行业务、关于货币管理和货币监督的俄罗斯联邦立法，所进行的现金和非现金形式的外汇买卖。

第 5 条　证券管理活动

（本条由 2011 年 12 月 7 日第 415 号联邦法修订，2012 年 7 月 1 日起生效）

证券管理活动是指管理证券、现金的委托管理活动，旨在完成证券交易和（或）签订金融衍生工具合同。

（本款由 2009 年 11 月 25 日第 281 号联邦法修订）

实施管理证券活动的证券市场职业参与人被称为受托人。

如果委托管理只与有价证券权利管理相关，则不需要进行证券管理活动的登记许可。

（本款由 2002 年 12 月 28 日第 185 号联邦法修订）

开展证券管理活动的程序以及受托人的权利和义务由俄罗斯联邦的立法和协议决定。受托人转移的客户资金和（或）从委托管理机构获得的资金可以存放在信贷机构，用于购买贵金属，包括之后将其置于贵金属托管中。

（本款由 2002 年 12 月 28 日第 185 号联邦法修订）

受托人在执行其活动时必须表明其为受托人。

第 6 款失效。2019 年 12 月 27 日第 454 号联邦法。

证券受托人有权在从事证券管理活动时，买入为职业投资人指定的证券，证券的配售和流转应遵守联邦法律规定的要求和限制。本联邦法规定的为职业投资人配售和流转的证券，为配售和流通面向合格投资人有价证券，本联

第二章 有价证券市场参与者

邦法律规定的要求和限制，适用于根据联邦法律配售和流通的有价证券，或者只有在客户是职业投资人的情况下，才可以签订为职业投资人指定的金融衍生工具合同。

（本款由2009年11月25日第281号联邦法、2011年2月7日第8号联邦法、2020年7月31日第306号联邦法修订）

证券受托人违反本条第7款的要求执行与有价证券相关的交易并签订作为金融衍生工具合同的后果是：根据客户请求或在俄罗斯银行指示下，向受托人转让出售证券并终止金融衍生工具合同；

（本款由2013年7月23日第251号联邦法修订）

受托人向客户赔偿因出售证券而导致的损失以及终止金融衍生工具合同；

受托人支付证券交易和（或）签订金融衍生工具合同的利息总额。利息金额按照《俄罗斯联邦民法典》第395条规定确定。如果由于出售证券（作为金融衍生工具合同的履行和终止）而获取的金额与购买和出售证券（作为金融衍生工具合同的签订、执行和终止）所支付的金额之间存在正差额，利息的支付金额不在上述差额范围内。

（本款由2009年11月25日第281号联邦法修订）

交易受托人违反本条第7款规定后果的索赔，可由客户自收到受托人相应报告之日起一年内提出。

（本款由2007年12月6日第334号联邦法修订）

受托人有义务根据各委托管理协议登记属于委托管理主体的证券。

（本款由2011年12月7日第415号联邦法修订）

受托人自行决定行使作为附属于委托管理对象证券的所有权利，除了要求对共同投资基金进行适当委托管理的权利，以及除非证券委托管理协议另有规定，不包括在接管委托管理和（或）从委托管理财产中获得由受托人实施委托管理的共同投资基金投资份额情形下，参加投资份额持有人大会的权利。委托管理协议中可以规定与行使投票权相关的限制性条款。

（本款由2019年7月26日第248号联邦法修订）

受托人如果对此类证券的投票权不受委托管理协议的限制，则承担与拥有作为委托管理主体证券有关的法定义务。

(本款由 2011 年 12 月 7 日第 415 号联邦法修订)

如果根据本联邦法和(或)委托协议,受托人无权在证券持有人大会上行使表决权,包括股东大会、投资股东大会、抵押贷款证书持有人大会,但受托人有责任提供有关管理层创办人的资料,拟定有权参加证券持有人大会的人员名单,并应管理层创始人的要求,向托管机构提供执行创始人投票权的指示(指令)。

(本款由 2015 年 6 月 29 日第 210 号联邦法、2019 年 7 月 26 日第 248 号联邦法修订)

受托人有权独立向法院提起执行其管理证券活动的任何诉讼,包括根据俄罗斯联邦法律授予股东或其他证券持有人的权利追索权在内。如果受托人在执行证券管理活动时向法院做出陈述,则包括国家税费在内的法庭诉讼费由受托人以作为委托管理对象的财产支付。

(本款由 2011 年 12 月 7 日第 415 号联邦法修订)

除非委托管理协议另有规定,受托人有权以委托管理的财产委托另一人代表受托人或代表该人进行交易。

(本款由 2015 年 6 月 29 日第 210 号联邦法修订)

受托人有权获得证券委托合同中规定的费用,也有权获得受托人因所管理财产而产生必要费用的补偿。但是,该项权利可以不以从证券管理中获得收入为条件。

(本款由 2015 年 6 月 29 日第 210 号联邦法修订)

为签订委托管理协议,受托人仅有权在委托管理协议的基础上聘请另一法人(以下简称"受托人的代理人")。受托人对受托人代理人违反俄罗斯联邦立法和俄罗斯银行规范性法律文件的行为承担责任。聘用受托人代理人的条件和程序应依照根据 2015 年 7 月 13 日第 223 号联邦法《金融市场领域自律组织法》的要求制定、协商并批准的基本标准予以确定。

(本款由 2017 年 12 月 20 日第 397 号联邦法修订)

如果证券委托管理协议中有此规定,则受托人有权接受委托管理和(或)从其以委托方式持有投资基金的财产中获取投资份额。

(本款由 2019 年 7 月 26 日第 248 号联邦法修订)

购买本条第 18 款规定投资份额的管理人应将购买意向通知给管理委员会的创始人,并发出书面通知,其中包括与上述单位交易的依据,包括交易是否符合管理委员会创始人利益的信息。管理人可以根据管理委员会创始人的书面请求,解除本款所规定的义务,拒绝接收上述通知。

(本款由 2019 年 7 月 26 日第 248 号联邦法修订)

《俄罗斯联邦民法典》第 413 条关于**债务**人和**债权**人属同一人终止义务的规定,不适用于本条第 18 款规定的投资份额购买。

(本款由 2019 年 7 月 26 日第 248 号联邦法修订)

受托人单独或在律师协助下独立行事或聘请代理人的受托人有义务向打算与受托人缔结委托协议的任何自然人提供有关该委托协议的可靠信息,包括其条款和与执行有关的风险。关于所提供信息的数量和内容的最低(标准)要求,按照金融市场领域 2015 年 7 月 13 日第 223 号联邦法《金融市场领域自律组织法》和(或)俄罗斯银行的规范性法律文件的要求,由制定、协商和批准受托人的自律组织成员所提供金融服务的自然人和法人权益保护基本标准规定。该信息必须以书面形式、纸质形式或电子形式提供。俄罗斯银行有权规定提供此类信息的形式、方法和程序。

(本款由 2021 年 6 月 11 日第 192 号联邦法修订)

第 6 条 自 2013 年 1 月 1 日起失效 2011 年 2 月 7 日第 8 号联邦法。

第 6.1 条 投资咨询业务

(本条由 2017 年 12 月 20 日第 397 号联邦法修订)

1. 投资咨询活动是指通过提供个人投资建议,提供与证券、票据和(或)属于金融衍生工具合同有关的建议。

专业证券市场参与者、投资基金的管理公司、共同基金、非国家养老基金或信贷机构提供的投资咨询活动不属于投资咨询活动。投资建议是由非专业证券市场参与者、投资基金的管理公司、共同基金或国家养老基金、信贷机构、非国家养老基金或保险事业提供的投资建议。

(本条由 2020 年 7 月 31 日第 306 号联邦法、2021 年 7 月 2 日第 343 号联邦法修订)

关于其服务和(或)其发行的金融工具的信息,但所提供信息不应包含个人投资建议；

（本项由 2020 年 7 月 31 日第 306 号联邦法修订）

与金融工具有关的信息，如果接收该信息的人是联邦法律规定的职业投资人，并且信息中明确指出其不属于个人投资建议，且该建议向联邦法律规定职业投资人提供。

（本项由 2020 年 7 月 31 日第 306 号联邦法修订）

投资咨询根据协议（投资咨询协议）进行。

个人投资建议的具体规定可以根据 2015 年 7 月 13 日第 223 号联邦法《金融市场领域自律组织法》制定和协商的基本标准来确定。

（本项由 2019 年 6 月 17 日第 149 号联邦法修订）

投资顾问单独或通过投资顾问的代理人行事，有义务向打算签订投资顾问合同的自然人提供关于合同的准确信息，包括合同的条款和与执行合同有关的风险。对所提供信息的数量和内容的最低（标准）要求，根据金融市场领域 2015 年 7 月 13 日第 223 号联邦法《金融市场领域自律组织法》和（或）俄罗斯银行的规范性法律文件的要求，由制定、协商和批准受托人的自律组织成员所提供金融服务自然人和法人权益保护基本标准规定。俄罗斯银行有权决定提供此类信息的形式、方法和程序。

（本项由 2021 年 6 月 11 日第 192 号联邦法修订）

2. 从事投资咨询活动的专业证券市场参与者被称为投资顾问。投资顾问可以是根据俄罗斯联邦法律成立的法人，也可以是作为金融市场领域自律组织成员的个人独资企业，该组织联合投资顾问，并列入投资顾问的统一登记簿。

企业名称中的"投资顾问"一词及其派生词和其组合只能由投资顾问使用。

3. 俄罗斯银行制定保存投资顾问单一登记簿的程序，使用该登记簿，并向有关各方提供该登记簿中的信息，将这些信息公布在互联网上。

为了被列入投资顾问登记簿，法人和个人独资企业必须遵守本联邦法和俄罗斯银行据此通过的规范性法律文件对投资顾问所规定的要求。

俄罗斯银行应根据申请和文件决定是否将某人信息录入投资顾问统一登记簿，或拒绝将某人信息录入投资顾问统一登记簿，其名单由俄罗斯银行的规范性法律文件确定。

做出这一决定的程序和时间,以及将信息输入投资顾问个人登记簿的申请表格,将由俄罗斯银行的规范性法律文件规定。

根据俄罗斯银行规定的依据,可以拒绝将某人列入投资顾问统一登记簿。

4. 俄罗斯银行决定将投资顾问的信息从投资顾问的统一登记簿中排除的依据是:

(1)提交给俄罗斯银行的投资顾问申请;

(2)投资顾问在联合投资顾问的金融市场领域自律组织的成员资格终止;

(3)投资顾问在进行投资咨询活动时,屡次违反本法以及俄罗斯银行依据本法所出台的规范性法律文件要求;

(4)投资顾问因非法组织和(或)进行赌博,违反俄罗斯博彩相关立法,在未经俄罗斯联邦政府允许的情况下开展赌博而承担行政责任。

(本项由2019年12月27日第495号联邦法修订)

5. 自律组织有义务最迟在次日之前将终止投资顾问资格的决定通知俄罗斯银行。俄罗斯银行有义务将该人从投资顾问的统一登记簿中剔除,并在收到该通知的次日之前向该人发出相应通知。

6. 作为个人独资企业的投资顾问、作为法人投资顾问的管理机构及其工作人员应遵守本联邦法第10.1条规定的要求。

7. 作为法人的投资顾问,有权共同开展其活动以及证券市场上的其他专业活动和信贷机构活动。

投资顾问也有权根据俄罗斯联邦法律,共同开展其活动以及任何其他非许可的活动。

第6.2条 提供个性化的投资建议

(本条由2017年12月20日第397号联邦法修订)

1. 投资顾问有义务真诚、合理地为客户的最佳利益提供投资咨询服务。

2. 投资顾问根据客户的投资情况,向客户提供个人投资建议。在本条中,投资概况是指由客户核算的金融衍生工具交易盈利能力的相关信息、该盈利能力的确定周期,以及非职业投资人的客户从此类交易中可承受的风险。确定客户投资概况的程序由俄罗斯银行规定。

3. 为确定客户的投资状况，投资顾问必须向客户索取必要的信息。但是，投资顾问不承担核实所提供信息真实性的义务，如果客户是职业投资人，可以不要求客户提供可接受风险的信息。

如果客户拒绝提供本条款规定的信息，投资顾问不得提供个人投资建议。

4. 投资顾问在根据俄罗斯联邦法律和投资咨询协议提供投资咨询服务时，对其不履行和(或)不当履行职责承担责任。

投资顾问不对因基于客户提供不准确信息所提出的个人投资建议所造成任何损失承担责任。

5. 个人投资建议应包括对有价证券及拟执行的与有价证券相关的交易和(或)建议所涉及的作为金融衍生工具合同的说明、对相应的有价证券和(或)作为金融衍生工具合同签订风险的说明，以及在提供服务投资顾问领域是否存在利益冲突的说明。

个人投资建议的形式要求由俄罗斯银行规定。

6. 如果个人投资建议是通过计算机程序，包括互联网提供的，则该种程序必须由俄罗斯银行按照既定程序进行认证。俄罗斯银行可以委托金融市场领域的自律组织，联合投资顾问对该程序进行认证。

7. 如果投资顾问与第三方签订合同，规定提供个人投资建议的报酬，投资顾问必须同时告知客户该合同的存在以及提供个人投资建议的情况。

第 7 条 托管业务

1. 托管业务是指为客户托管有价证券凭证、结算以及办理有价证券权益的转移业务，在办理结算和转移有价证券权益业务时以及在与数字权利相关的联邦法规定的情形下提供托管服务。

(本款由 2019 年 8 月 2 日第 259 号联邦法修订)

2. 证券市场从事托管业务的职业参与人称为托管机构。根据交易组织者与交易组织者和(或)与清算机构签订协议的交易结果进行交易的结算人被称为结算托管机构。

3. 使用托管机构服务托管证券和(或)登记证券权利的人称为委托人。委托人与托管机构之间就托管业务过程中法律关系达成的协议被称为托管合同(托管账户协议)。托管合同必须以书面形式签订。委托人有义务批准作为托管合同重要组成部分的托管业务条款。

4. 托管机构不得以撤回附于证券的至少一项权利为缔结托管协议的条件。

5. 除非联邦法律或协议另有规定，除非委托人另有要求，托管机构无权就委托人有价证券办理业务。如果委托人对托管机构负有债务，在托管协议未规定的情况下，托管人可以拒绝执行委托人的指示，执行与证券账户的交易。

如果托管协议有约定，同时可以作为交易其他各方的代表，包括非企业持有人的委托人也有权实施证券借贷交易。

6. 委托人的有价证券不能因托管机构债务而被追偿。

7. 托管机构可以根据托管协议在证券持有人登记处或另一托管机构处登记为代理人。

8. 托管机构对不履行或不适当地履行其与证券权利登记相关义务，包括证券账户中科目的完整性和准确性，以及在其托管下的非移动化实物证券的安全义务承担责任。

9. 有价证券权利由托管机构根据托管协议进行登记，但须符合以下条件之一。

(1) 托管机构持有有价证券，或根据联邦法律持有记载证券权利的电子文件；

(2) 托管机构是有价证券的名义持有人；

(3) 托管机构根据与发行人签订的协议，为有价证券权利的集中登记提供服务。

10. 与发行人签订的关于提供证券权利集中登记服务的协议只能与债券有关，在该情形下，此类债券的持有人登记不予进行。

托管机构在与发行人签订协议提供有关债权的集中登记服务后，应在其拥有集中登记权的证券账户上进行与债权配售有关的交易，而无须委托人的委托。

11. 除非本联邦法另有规定，登记有价证券权利的托管机构，有义务提供凭有价证券以金钱形式获取收入的托管服务，并以金钱形式向有价证券持有人支付。托管机构应当履行本联邦法和托管合同所规定的所有旨在保障委托人凭该有价证券获取收益的行为。实施债券权利集中登记的托管机构,根据发行人指令每年1次向其提供证券持有人名单,费用不超过其实际发生费用,在其他情况下,所支付费用根据有价证券权利集中登记服务合同约定支付。

(本款由2020年1月1日第259号联邦法修订)

12. 若提供给委托人的服务涉及获取证券收入和其他应付给证券持有人的款项(包括赎回证券所得款项、从该证券发行人收到的与该人购买相关的款项,或由第三方购买而收到的款项),委托人的资金必须存入由托管机构在信贷机构开立(开立)的独立银行账户(专门托管账户)。托管机构有责任记录每个委托人账户中的资金往来情况并定期向其汇报。由专门托管账户持有的托管资金不能根据托管机构债务追索。除了向委托人支付的情况外,托管机构无权将其自有资金存入专门托管账户,也禁止使用存入专门托管账户的资金。

(本款由2019年8月2日第259号联邦法修订)

13. 托管机构有权将用于职业投资人的证券或其配售和流转的证券记入账户,根据联邦法律,此类证券的分配和流转须符合本联邦法规定的证券分配和流转要求和限制。只有在委托人是职业投资人或虽非职业投资人,但由于法律继承、转换,包括组织、分配即将清算法人的财产以及俄罗斯银行规定的其他情况下,才能购入上述有价证券。

(本款由2021年7月31日第306号联邦法修订)

14. 托管协议可以约定,托管机构有义务登记委托人或委托人指定人转让给其的数字权利,并将该数字权利记入为委托人开立的托管账户。在这种情况下,其托管账户被记入的人应被视为数字权利的所有者。除非联邦法律另有规定,托管机构应根据委托人的指示,在信息系统中行使委托人的数字权利、处置、抵押或以其他方式抵押此类数字权利,而无须借助于第三方。

(本款由2019年8月2日第259号联邦法修订)

15. 托管机构有义务在信息系统中将委托人拥有的数字权利与其自身拥有的数字权利区分。

(本款由2019年8月2日第259号联邦法修订)

16. 记录在其托管账户中委托人的数字权利,由托管机构的清单予以确认。

17. 委托人记录在其托管账户中的数字权利，不得基于托管机构的债务强制执行。

(本款由 2019 年 8 月 2 日第 259 号联邦法修订)

18. 应数字权利所有人的要求，托管机构有义务将其所拥有的数字权利录入信息系统，并在数字权利所有人的账户中进行登记的，托管机构应随后从前述委托人的账户中注销该数字权利。

(本款由 2019 年 8 月 2 日第 259 号联邦法修订)

第 7.1 条　自 2020 年 1 月 1 日起失效。2018 年 12 月 27 日第 514 号联邦法。

第 8 条　有价证券持有人登记活动

(本条由 2015 年 6 月 29 日第 210 号修订)

1. 证券持有人办理登记业务内容包括收集、录制、处理证券持有人登记的资料，以及在登记簿上录入证券持有人的信息。

(本款由 2011 年 12 月 7 日第 415 号联邦法、2020 年 7 月 31 日第 259 号联邦法修订)

仅法人有权从事证券持有人登记活动。

开展证券持有人登记活动的人员被称为登记员。代表发行人或证券义务人的登记员可以是证券市场有执行登记活动许可证的职业参与人(以下简称为"登记员")，或者在联邦法律规定的情形下是有价证券市场的某一个职业参与人。

(本款由 2015 年 6 月 29 日第 210 号联邦法修订)

登记员无权与证券的发行人进行交易，登记员为证券持有人进行登记。

(本款由 2011 年 12 月 7 日第 415 号联邦法修订)

证券持有人登记簿(以下简称为登记簿)是指在某个时间点开立个人账户的人员(以下称为登记人)的记录、其在证券账户中的证券记录、证券保留的记录以及其他俄罗斯联邦立法所规定的记录。

(本款由 2011 年 12 月 7 日第 415 号联邦法、2015 年 6 月 29 日第 210 号联邦法修订)

登记员根据俄罗斯联邦法律、俄罗斯联邦银行规范性法律文件，以及登记员有义务遵守的登记规则开展活动。此类规范要求由俄罗斯银行予以规定。

（本款由 2011 年 12 月 7 日第 415 号联邦法、2013 年 7 月 23 日第 251 号联邦法修订）

无记名有价证券无须进行登记。

本项自 2012 年 7 月 1 日起失效。2011 年 12 月 7 日第 415 号联邦法修订。

登记人有义务依照登记规则所规定的要求向登记员提供信息和文件。

（本项由 2011 年 12 月 7 日第 415 号联邦法修订）

第 10 款失效。2015 年 6 月 29 日第 210 号联邦法。

登记管理机构协议只与法人签订。登记员为证券发行人或证券持有人进行登记的**数量不受限制**。

（本款由 2015 年 6 月 29 日第 210 号联邦法修订）

指定给职业投资人的证券或根据联邦法律配售和流转的证券持有人的登记员，须遵守本联邦法对职业投资人证券配售和流转的要求和限制。只有当证券持有人是联邦法律规定的职业投资人，或不是联邦法律规定的职业投资人，但由于法律继承、转换，以及包括组织、清算法人资产的分配，或在俄罗斯银行规定的其他情形下，才可以将证券存入持有人的个人账户。

（本款由 2013 年 7 月 23 日第 251 号联邦法、2019 年 12 月 27 日第 454 号联邦法、2020 年 7 月 31 日第 306 号联邦法修订）

2.2012 年 7 月 1 日起失效。2011 年 12 月 7 日第 415 号联邦法。

3. 登记员的义务包含以下内容。

(1) 根据本联邦和俄罗斯银行规范性法律文件开立和使用个人账户和其他账户；

(2) 将有表决权股份百分之一以上发行人的个人账户提供给登记人，登记人登记注册人名称（姓名）和个人账户记录的各类别（每类）股份数量；

(3) 根据登记人的要求告知有关有价证券所确定的权利，以及行使前述权利的方式和程序；

(4) 根据登记人的要求向登记人提供个人账户上的登记内容；

(5) 及时公布有价证券委托权利账户的损失情况，通过大众媒体公布破产信息，以及依据俄罗斯联邦诉讼法所规定程序向法院申请恢复有价证券权利

登记数据;

(6)履行本法规定的其他义务,以及其他联邦法律和依据前述联邦法所制定的俄罗斯银行规范性法律文件中所规定的义务。

(本款由 2015 年 6 月 29 日第 210 号联邦法修订)

3.1 除非俄罗斯联邦法律和俄罗斯银行规范性法律文件另有规定,否则登记员根据证券发行人(证券义务人)发出的指令进行与证券的配售、发行或转换有关的交易。

(本项由 2015 年 6 月 29 日第 210 号联邦法修订)

3.2 对于登记人、发行人(证券义务人)指令内容的要求,须在俄罗斯银行设立个人账户并进行操作。除了本法和俄罗斯银行规范性法律文件规定的要求外,登记员无权在个人账户上进行操作时提出额外的要求。

(本项由 2015 年 6 月 29 日第 210 号联邦法修订)

3.3 除非俄罗斯联邦法律和俄罗斯银行规范性法律文件另有规定,否则登记员在收到该命令之日起的 3 个工作日内执行登记人对个人账户操作的指令或拒绝执行该操作。

(本项由 2015 年 6 月 29 日第 210 号联邦法修订)

3.4 除俄罗斯联邦法律和法规规定的情形外,禁止拒绝或规避个人账户操作。

(本项由 2015 年 6 月 29 日第 210 号联邦法修订)

3.5 登记员应登记人的要求,在收到该要求之日起的三个工作日内,在登记簿上提供其个人账户的信息。登记信息必须包含俄罗斯银行所规定的与指定日期相关的信息。

(本项由 2015 年 6 月 29 日第 210 号联邦法修订)

3.6 登记员拟定证券权利人名单的报酬不得超过编制证券的成本。登记员拟定证券持有人名单的报酬金额,由登记员与发行人(证券义务人)合同确定。

(本项由 2015 年 6 月 29 日第 210 号联邦法修订)

3.7 登记员有权对登记人个人账户进行操作和提供登记信息。登记员无权以个人账户运营所涉及证券价值的百分比形式收取费用。登记员对登记人个人账户进行操作和提供注册信息以及(或)确定程序的最高费用由俄罗斯银行确定。

证券发行时,证券摘录免费提供给证券持有人。

(本项由2015年6月29日第210号联邦法修订)

3.8 如果登记簿的相关协议中有所规定,则发行人有权履行本联邦法第8.1条第5款规定的登记员配售发行人有价证券的部分职能。在这种情形下,发行人有义务遵守联邦法第8.1条第5款的规定。与此同时,个人账户上进行(拒绝进行)操作的最后期限是由发行人收到个人账户操作文件之日起计算,俄罗斯银行规范性法律文件另有规定的除外。

(本项由2015年6月29日第210号修订)

3.9 登记员对登记人提供的信息的完整性和真实性,包括登记在个人账户上的摘录中所包含信息不承担责任。如果登记员在保存登记簿期间提供了登记簿中的信息,且该信息与该登记簿转让时从前任登记员处得到的数据相一致,则登记员不应承担责任。

(本项由2015年6月29日第210号联邦法修订)

3.10 登记员应就登记机构的非法行为(不作为)所造成的损失向证券持有人和按照联邦法律行使证券权利的人作出赔偿。

如果不能证明违规是由于不可抗力发生,则证券义务人和登记员对违反登记权利程序、账户交易程序(注册手续)、会计数据丢失、登记簿信息不完整或者不准确等方面的损失承担连带责任。

(本项由2018年12月27日第514号联邦法修订)

除非另有规定,债务人已经履行了连带赔偿责任,对另一债务人有反向追索权(追索权)的数额为补偿损失数额的一半。行使这一权利的条件(包括反向追索(追索权)的金额)可以由证券发行人或证券义务人与登记员之间的合同确定。确定责任分配程序的合同条款,或者由于至少一方当事人的过错而造成损失的,免除当事人一方的责任。如果只有一名共同债务人存在过错,存在过错债务人无权要求(追索)无过错债务人,无过错债务人有权向有过错债务人请求(退回)全部赔偿金额。如果共同债务人有过错,则反向追索权(追索权)的金额根据每个共同债务人的过错程度确定,如果无法确定每个共同债务人的过错程度,则反向追索权(追索权)的数额为补偿损失数额的一半。

(本项由 2015 年 6 月 29 日第 210 号联邦法修订)

3.11 在登记合同终止的情况下,登记员将合同终止之日的登记人和保存登记的文件移交给发行人(证券义务人)指定的登记管理机构。文件清单、转让登记簿、转让文件程序和时间限制由俄罗斯银行规范性法律文件确定。在将登记员转让给另一个登记管理机构登记员之后,原登记管理机构人员发布的摘录均无效。

(本项由 2018 年 12 月 27 日第 514 号联邦法、2020 年 7 月 31 日第 306 号联邦法修订)

3.12 在登记合同终止后,禁止使用原个人账户进行注销和转让证券交易,禁止设立产权负担和限制证券的出售,直到依据合同完成登记簿更新为止。

(本项由 2015 年 6 月 29 日第 210 号联邦法修订)

3.13 登记簿登记员应发行人(证券义务人)要求,经侦查机关负责人(案件预先侦查机关)同意向发行人、俄罗斯银行、法院和仲裁法院(法官),以及内务机关为履行职能、预防和制止经济领域犯罪,经上述机关领导同意提供登记簿有关的资料和文件。

(本项由 2015 年 6 月 29 日第 210 号联邦法修订)

3.14 登记合同终止后,登记员应在下一个工作日之前按照俄罗斯银行规定程序披露相关信息。

(本项由 2015 年 6 月 29 日第 210 号联邦法修订)

3.15 如果更换登记员,证券义务人按照俄罗斯银行规定方式提供有关信息。

(本项由 2015 年 6 月 29 日第 210 号联邦法修订)

3.16 本条第 3.1 至 3.15 款以及本联邦法第 8.1 至 8.5 条的要求不应适用于数字金融资产形式的非上市股份公司的股份登记。

(本项由 2020 年 7 月 31 日第 259 号联邦法修订)

4. 包括共同投资基金的投资份额和抵押参与证书在内的非发行证券持有人的登记簿,应根据本联邦法的要求、其他联邦法律和根据前述法律通过的俄罗斯联邦其他管理性法律的规定进行保存。

(本项由2015年6月29日第210号联邦法修订)

第8.1条 转让代理人

(本条由2011年12月7日第210号修订)

1. 负责为有价证券持有人做记录的登记员可以聘请其他登记员、托管机构和经纪人(以下简称转让代理人)履行本联邦法规定的部分职能。

(本款由2015年6月29日第210号联邦法修订)

2. 转让代理人根据与登记员签订的代理或代理协议以及向他们签发的授权书，代表登记员并由其承担费用。

3. 在开展活动时，转让代理人必须表明其代表登记员和代表登记机构行事，并向利益相关人提交由该登记员签发的授权书。

4. 在合同和委托书中约定情况下的转让代理人有权：

(1)接受在登记簿内进行业务所需的文件；

(2)向登记机构和其他人员转交登记机构提供的个人账户，告知其他由登记员提供的信息。

5. 转让代理人有义务：

(1)采取措施确定在登记簿上开展业务所需提交文件的人员；

(2)保证登记员能够应其要求查阅登记文件；

(3)保证因履行转让代理职能而取得信息的保密性；

(4)以登记人名义行事的人员的职权；

(本款由2013年7月23日第251号，自2013年9月1日起生效)

(5)以俄罗斯银行规定程序核实个人的签名；

(本款由2013年7月23日第251号联邦法修订)

(6)遵守俄罗斯银行规范性法律文件规定的其他要求。

(本项由2013年7月23日第251号联邦法修订)

6. 办理登记手续(拒绝办理登记手续)的期间从登记管理机构的交易代理人受理文件开始计算。

7. 登记员和转让代理人有义务以电子形式交换信息和文件。

第8.2条 托管机构和登记员所开立的账户

第二章 有价证券市场参与者

(本条由2011年12月7日第415号联邦法修订)

1. 托管机构和登记员为登记其有价证券权利,可以开立以下类型的个人账户(托管账户):

(1)持有人账户;

(2)受托人账户;

(3)名义持有人的账户;

(4)托管账户;

(5)发行人的国有账户(证券义务人);

(5.1)托管代理账户;

(本项由2018年12月27日第514号联邦法修订)

(6)联邦法规定的其他账户。

1.1 为登记数字权利,托管机构可以开立持有人账户。此类账户不得用于数字权利的转让、抵押或限制。

(本项由2019年8月2日第259号联邦法修订)

2. 为登记证券权利托管机构可以开立以下账户:

(1)外国名义持有人的托管账户;

(2)外国授权持有人的抵押账户;

(3)托管项目的账户。

3. 为登记有价证券权利,登记员也可以开立以集中托管机构为名义持有人的个人账户。除非其他联邦法律另有规定,本联邦法中规定代持人账户开户人权利和义务的条款应适用于集中托管机构。

(本款由2015年6月29日第210号联邦法修订)

3.1 如果联邦法律或根据联邦法律规定在托管子账户中登记证券的权利,开立托管子账户的人应当按照与开户人同等数量和程序行使证券的权利。

(本款由2015年6月29日第210号联邦法修订)

4. 托管机构和登记员可以开立和使用非用来记录证券权利的账户,包括发行人账户和身份不明人的账户。

5. 个人账户(托管账户)以及其他账户的开立和使用程序由俄罗斯银行规范性法律文件规定。

(本款由 2013 年 7 月 23 日第 251 号联邦法修订)

6. 所有权以及其他与有价证券相关的财产权登记在证券持有人的个人账户(托管账户)上。前述账户可以根据组织所在国的法律向非法人的外国组织开放。

(本款由 2014 年 7 月 21 日第 218 号联邦法修订)

7. 根据被委托受托人的个人账户(托管账户)针对委托管理有价证券的委托管理权利进行登记。

(本款由 2018 年 12 月 27 日第 514 号联邦法修订)

8. 名义持有人账户用于登记托管机构(名义持有人)非其所有者的证券权利,并对其委托人的利益予以登记。

9. 通过托管个人账户(证券托管账户)对移交给公证处或法院提存的有价证券权利进行登记。托管个人账户开户人被列入依据有价证券获取收入和支付权利人登记清单。

10. 发行人(证券义务人)将其发行的(已发行)有价证券权利登记在其(证券义务人)的国有托管账户上。

托管代理人的个人账户(托管账户)用于登记根据托管协议而托管证券的权利。如果后者非开立上述账户的登记员(托管机构),则前述个人账户(托管账户)应向托管代理人开放。账户中登记的证券属于将其存入托管机构的托管代理人(以下简称托管协议中的委托人),在托管协议中规定情况发生时,前述证券属于能够受益于所托管证券的人员(以下简称托管协议中的受益人)。

(本项由 2018 年 12 月 27 日第 514 号联邦法修订)

11. 对作为义务履行保证的有价证券人权利的登记,以及对其他担保证券的登记,应通过这些证券持有人的个人账户(托管账户)、受托人的个人账户(托管账户)、外国授权持有人的托管账户进行。

12. 2016 年 7 月 1 日起失效。2015 年 6 月 29 日第 210 号联邦法。

13. 只有在证券持有人的个人账户(托管账户)上才允许抵押和赎回证券并进行权利登记。

如果债券和其他非股票有价证券的所有义务都已全部履行,与赎回这些证券有关的交易应由登记员或托管机构进行,在未获得个人账户(托管账户)

第二章　有价证券市场参与者

开立者的指示（命令）的情况下，则根据确认履行此类证券义务的文件实施交易，而在应其持有人请求提前赎回此类证券的情况下，根据收到的提前赎回请求实施交易。按照本条款规定程序从证券名义持有人的个人账户（托管账户）中扣除可赎回证券，应作为名义持有人从子账户中提取可赎回证券记录的理由，而无须后者的指示。

（本项由 2018 年 12 月 27 日第 514 号联邦法修订）

13.2　在对有价证券进行合并和拆分时，所实施的与证券转换相关的交易，由登记员或有权对债券进行集中登记的托管机构进行，在无开立个人账户（托管账户）人的委托（指令）的情况下，根据发行人的委托（指令）和确认、合并或拆分证券的发行变更登记文件来进行交易。

（本项由 2018 年 12 月 27 日第 514 号联邦法修订）

14.　俄罗斯联邦立法适用于托管机构与外国人之间开立、管理和注销此类人员的托管账户关系。

15.　如果与证券持有人登记簿有关的文件或相应的托管文件，以及与有价证券权利登记和转换相关的文件是有价证券交易实施的基础，则登记员和托管机构自收到上述文件或有价证券交易之日起的至少五年内应将上述文件分别保存。该文件的清单和保存程序由俄罗斯银行规范性法律文件规定。

（本款由 2015 年 6 月 29 日第 210 号联邦法修订）

16.　如果开立个人账户（托管账户）的个人未提供其数据变更的信息，则发行人（证券义务人）、证券持有人的登记员以及托管机构不承担与该人未提交信息有关的损失。

（本条由 2015 年 6 月 29 日第 210 号联邦法修订）

17.　根据发行人委托对有价证券持有人进行登记的登记员不得为自己开立个人账户，包括名义持有人账户。

第 8.3 条　有价证券名义持有人

1. 有价证券名义持有人，是指受他人委托代表证券持有人管理托管账户的托管机构。

2. 有价证券名义持有人个人账户的开立不能以托管机构与其客户之间的托管协议为条件。

3. 在联邦法律规定的情况下，只有集中托管机构可以是登记簿中有价证券的名义持有人。

3.1 托管机构无权作出将俄罗斯联邦境内发行的证券存入以他人为受益人并在外国组织开立账户的委托。

（本款由 2015 年 6 月 29 日第 210 号修订，自 2016 年 7 月 2 日起生效）

4. 对行使有价证券权利的人员进行权利登记的名义持有人有权在未授权情况下按照前述人员的指示（命令）实施与行使有价证券权利相关的行为。

（本项由 2015 年 6 月 29 日第 210 号联邦法修订）

5. 某一有价证券名义持有人产生于委托人之间的有价证券权利转让，不得反映在名义持有人的个人账户或其托管账户中。

6—11 自 2016 年 7 月 1 日起失效。2015 年 6 月 29 日第 210 号联邦法。

第 8.4 条　以他人为受益人的外国组织有价证券权利登记的特性

（本条由 2011 年 12 月 7 日第 415 号联邦法修订）

1. 如果注册地在本联邦法第 51.1 条第 1 和第 2 项所规定国家的为他人利益行事的外国组织，根据其国内法律有权进行有价证券权利的登记和转让，则可以为其开立外国名义持有人账户，

（本款由 2018 年 8 月 3 日第 218 号联邦法修订）

有权登记和转让有价证券权利的外国组织，根据准据法对俄罗斯证券权利进行登记和转让。确定作为证券持有人的人或在外国名义持有人证券账户中登记俄罗斯证券权利的人，应根据前述人员的准据法进行。证券持有人可以是根据其本国法律的非法人外国组织。

（本款由 2014 年 7 月 21 日第 218 号联邦法修订）

确立托管机构与外国组织关于开立、管理和注销外国持有人以及托管业务间的关系，并适用俄罗斯联邦立法。

（本款由 2013 年 12 月 21 日第 379 号联邦法修订）

2. 有权依照准据法对证券权利进行登记和转让的外国证券持有人和外国组织，在对行使证券相关权利人员的权利进行登记时，有权在未授权的情况下，根据其从前述人员处所获得的指示（说明），实施与行使有价证券权利相关的行为。

第二章 有价证券市场参与者

（本款由 2015 年 6 月 29 日第 210 号联邦法修订）

3. 本联邦法第 51.1 条第 2 款第 1 项和第 2 项规定的外国授权持有人可以在设于本国境内的外国机构开立证券账户，前提是该组织根据准据法有权不以证券持有者的名义和他人的名义进行与证券有关的行为、行使证券权利。外国授权证券持有人有行使有价证券的权利。

4. 俄罗斯发行人发行的证券，如果其在俄罗斯联邦境外的配售和（或）流转是根据外国法律借助于外国发行人能够证明俄罗斯发行人证券权利的证券进行组织和配售，则应在托管项目账户中登记。托管项目账户只能在已由集中托管机构开立托管账户的俄罗斯托管机构中开立。

5. 登记在外国名义持有人的抵押账户中的证券、外国授权持有人的托管账户、托管项目的托管账户，不得因开立上述账户人员债务被清偿。

6. 外国名义持有人有义务采取一切合理措施，向托管机构提供行使外国名义持有人账户登记证券权利的人的信息，以及根据俄罗斯联邦法律和规范性法律文件规定的情形、范围和期限提供其他信息。

（本款由 2015 年 6 月 29 日第 102 号联邦法修订）

7. 开立托管项目托管账户的开户人有行使参加股东大会的权利，该权利由外国发行人的有价证券予以证明，条件是外国发行人证券的持有人和其他行使外国发行人证券权利的人已指示俄罗斯发行人在股东大会上以特定方式投票，并且俄罗斯发行人已被告知关于前述人员所持有的外国发行人证券权利得以证明的股份数量。

（本款由 2012 年 12 月 29 日第 282 号联邦法修订）

8. 经外国发行人证券认证权利的股票款项，由开立托管项目托管账户的开户人支付。

（本款由 2012 年 12 月 29 日第 282 号联邦法修订）

9. 开立托管项目账户的人员提供的关于外国发行人有价证券持有人信息、其他行使与外国代理人有价证券相关权利的人员信息以及前述人员所支配的外国发行人有价证券数量、参加股东大会权利等信息的程序和形式，由俄罗斯银行颁布的规范性法律文件予以规定。

对外国名义持有人提供证券持有人和其他行使证券权利人的信息的程序

和形式要求，以及前述人员为行使证券权利而持有证券的数量要求，由俄罗斯银行规范性法律文件予以规定。

（本项由2015年6月29日第210号联邦法修订）

对外国授权持有人为行使证券权利而提供信息的程序和形式要求由俄罗斯银行规范性法律文件予以规定。

（本项由2015年6月29日第210号联邦法修订）

10. 2016年7月1日起失效。2015年6月29日第210号联邦法。

11. 外国名义持有人应根据发行人、法院、仲裁法院(法官)、俄罗斯银行的要求，在征得侦查机关负责人同意后，应预先侦查机关在其待审案件中的要求，采取一切合理手段，提供关于证券所有人、其他行使证券权利人，以及为其利益行使证券权利的人的信息。除外国授权持有人为外国组织，且根据准据法，该组织属于集体投资和（或）共同投资计划成员，不论是否以法人形式行事，其共同投资计划的参加人数超过50人的外国组织以外。

（本款由2014年7月21日第218号联邦法修订）

外国名义持有人应发行人、法院、仲裁法院、俄罗斯银行的要求，在侦查机关负责人的同意下，根据对案件进行预先侦查机关的要求，有义务采取一切合理措施提供关于外国授权持有人行使其登记在外国授权持有人托管账户中权利的信息。除外国授权持有人是外国组织，且根据准据法，该组织属于集体投资和（或）共同投资计划成员，不论是否以法人形式行事，其共同投资计划的参加人数超过50人的外国组织以外。

（本项由2014年7月21日第218号联邦法修订）

如必须执行俄罗斯联邦立法的要求，则发行人有权要求提供本款规定的信息。

（本项由2013年12月21日第379号联邦法修订）

12. 证券持有人、行使有价证券权利的人员以及外国授权有价证券持有人无权回避提供本条第11项规定的信息。

13. 自2013年1月2日起失效。2012年12月29日第282号联邦法。

14. 应俄罗斯发行人、法院、仲裁法院(法官)、俄罗斯银行的要求，以及尚处于审理阶段案件的预先侦查机关要求，开立托管项目托管账户的开户人

第二章　有价证券市场参与者

有义务采取一切合理措施，提供有关境外发行有价证券持有人及其他能够证明俄罗斯发行人证券权利的外国发行人证券权利实施人的信息。境外发行有价证券持有人及其他能够证明俄罗斯发行人证券权利的外国发行人证券权利实施人不得阻碍提供上述信息。

（本款由2012年12月29日第282号联邦法、2013年7月23日第251号联邦法修订）

14.1　本项所规定的关于提供信息的要求，可以直接或通过向前述人员开立相应托管账户的托管机构，以及外国名义持有人、外国授权持有人，或已经开立托管项目托管账户的人员提出。

（本项由2013年12月21日第379号联邦法修订）

14.2　外国名义持有人、外国授权持有人、开立托管项目托管账户的人员，必须采取一切合理措施，应托管机构的请求和税务机关的请求（要求），依照俄罗斯联邦税务立法的要求，提供相应的信息和文件。

（本项由2013年12月21日第379号联邦法修订）

14.3　外国名义持有人和开立托管项目托管账户的人员，不应对其因代表他人客户未向其提供信息而导致未能提供信息承担责任，也无须对前述客户提供信息的准确性和完整性负责。

（本项由2013年12月21日第379号联邦法修订）

15.　托管机构开立外国名义持有人的托管账户、对外国授权持有人的托管账户或者托管账户项目的托管账户，必须按照其规定程序通知俄罗斯银行已开立相应托管账户相关违反本条规定的违法行为。

（本款由2013年7月23日第251号联邦法、2015年6月29日联邦法修订）

16.　俄罗斯银行有义务向外国名义持有人、外国授权持有人或开立托管项目账户的人发出命令，以消除违反本条规定的违法行为，如果不履行该义务，则禁止或限制相关证券账户的全部或部分交易，期限最长为6个月。

（本款由2013年7月23日第251号联邦法修订）

如果未能遵守本条规定的命令，未消除应当提供证券持有人和其他行使权利人员信息的违法行为，则可以对一定数量证券实施禁止或限制交易，所限制的数量不得超过未履行提供信息义务的证券数量。

(本款由 2013 年 12 月 21 日第 379 号联邦法修订)

第 8.5 条　个人账户(托管账户)的更正记录

(本条由 2011 年 12 月 7 日第 415 号联邦法修订)

1. 登记簿规则和开展托管活动的条件中应当规定执行撤销或更改登记簿委托的具体时刻(时间)。

(本款由 2015 年 6 月 29 日第 210 号修订)

2. 在个人账户(托管账户)中登记证券权利的记录是最终的，即登记员或托管机构不能改变或取消，除非该记录是在未经指示(或命令)的情况下针对其开立证券账户，或对其执行构成登记簿中交易基础的文件，或违反该命令或文件中的条款(该记录可进行更正)做出的。

(本款由 2015 年 6 月 29 日第 210 号联邦法修订)

3. 在进行登记的工作日当日结束之前，登记员或者托管机构可以对记录中发现的错误进行更正，也可以在开立个人账户(托管账户)的人未收到交易报告，或未收到个人账户(托管账户)存在错误数据记录时，对相应账户输入所有为消除错误所需的更正记录。

(本款由 2015 年 6 月 29 日第 210 号联邦法修订)

4. 除非在本条第 3 款未规定的情况下，允许对发现错误记录进行更正，登记员或者托管机构只能在个人账户(托管账户)开立人或者其他人同意的情况下，按照其委托或要求，根据联邦法律或合同对记录进行更正。

(本款由 2015 年 6 月 29 日第 210 号联邦法修订)

5. 开立登记证券权利的个人账户(托管账户)的开户人有义务将由于该账户记录错误或兑换而不当获得证券退还，并根据俄罗斯联邦民事立法返还所得收入并赔偿损失。在这种情况下，名义持有人必须考虑不明身份人无依据向其个人账户(证券账户)存入的证券，并且必须将指定证券或证券退还给该人的个人账户(托管账户)，并从收到相关会计凭证起不迟于一个工作日的时间内将其从账户中注销。

6. 集中托管机构名义持有人个人账户上的更正记录按联邦法《集中托管机构法》所规定的程序进行。

第二章　有价证券市场参与者

7. 登记员在登记人个人账户和不明身份人账户中登记的证券数量,应当与配售和未被清偿证券的数量相同。

8. 托管机构托管账户以及身份不明人账户中记载证券权利的证券数量,应等于为托管机构开立的名义持有人个人账户(托管账户)以及外国组织为其利益人登记证券权利开立账户中相同证券的数量。托管机构在托管账户和不明身份人账户登记的数字权利数量,应当等同于托管机构信息系统中有权处分的数字权利数量,且与托管机构拥有数字权利相区分。

(本款由 2019 年 8 月 2 日第 259 号联邦法修订)

9. 本条第 7 款和第 8 款规定证券数量的核对,应由登记员和托管机构在每个工作日进行。本条第 8 款规定的数字权利数量的核对应由托管机构在每个工作日进行核对。

(本款由 2019 年 8 月 2 日第 259 号联邦法修订)

10. 违反本条第 8 款规定的,托管机构应当在确定或者查明违规行为当天后一个工作日内通知俄罗斯银行,并根据联邦法律的要求,按照托管机构的托管活动规定程序消除上述违法行为。

(本款由 2013 年 7 月 23 日第 251 号联邦法修订)

11. 如果托管机构在证券托管账户中记录的证券数量和身份不明人账户中的证券数量,已经超出为托管机构开立名义持有人个人账户(托管账户)中登记的相同证券数量,或者超过外国组织为其利益人登记证券权利开立账户中登记的相同证券数量,托管机构有义务采取以下措施。

(1)按照托管活动条款规定程序注销,从登记证券权利的托管账户中,以及不明身份人证券账户中,证券数额超出名义持有人个人账户(托管账户)上同类证券总额,以及外国组织为其利益人登记证券权利开立账户中登记的相同证券数额,从知道或者应当知道超额之日起不得超过一个工作日内进行注销。同时,托管机构据其开立托管账户和不明身份人证券账户,自知道或应当知道之日起,直到根据本款规定禁止注销证券之刻,除旨在实施注销登记情形外,可就许可超出有价证券进行登记;

(2)按照本款第 1 项的规定,自行决定将证券记入证券账户和身份不明的账户,应以各账户注销的证券数额为限,或者以托管合同规定程序和条件赔偿托管人的损失。同时，考虑到俄罗斯银行规范性法律文件的要求，此种转让期限取决于执行托管活动的条件。

（本款由 2013 年 7 月 23 日第 251 号联邦法修订）

12. 如果未遵守本条第 11 款第 2 项规定的证券转让期限，托管机构有义务偿还托管委托人相应的损失。如果本条第 11 款规定的证券数量差异是由登记管理机构或其他托管机构的行为造成的，本条规定履行责任的托管机构有权就其赔偿损失数额向有关人员提出反向索赔（追索权），包括托管机构在履行本条第 11 款第 2 项规定义务时所发生的费用。如果证券的注销是由另一个托管机构（为其他人的利益行事的外国组织开立的账户）的行为引起的，则托管机构（客户）将按照托管机构的书面指示进行注销，托管机构将免于履行本条第 11 款第 2 项规定的职责。

13. 如果在信息系统中转移在证券账户中登记的数字权利，该权利须在托管机构知道或应当知道这一事实的日期，按照托管机构的业务条款和条件，从该账户中扣除。托管机构对用户因滥用其在证券账户中登记的数字权利而造成的任何损失不承担任何责任。如果用户的损失是由第三方滥用造成的，托管机构的责任可以通过合同加以限制。

（本项由 2019 年 8 月 2 日第 259 号联邦法修订）

第 8.6 条　登记员和托管机构对信息机密性的保障

1. 登记员和托管机构有义务确保个人账户（托管账户）开立人员的信息以及有关账户信息（包括交易信息）的机密性。

2. 本条第 1 款所述的信息只能提供给个人账户（托管账户）的开户人或其代表，以及根据联邦法律提供给其他人。托管人可根据托管人的书面指示向其他人提供有关该托管人以及其托管账户交易的信息。关于开立个人账户人的信息，以及该账户的信息，包括其中涉及根据联邦法《使用金融平台执行金融交易法》，在使用金融平台执行交易基础上获得或处分证券权利的交易信息，也可以根据开立个人账户人的书面指示，由登记员向金融平台的经营者提供。

（本款由 2020 年 7 月 20 日第 212 号联邦法修订）

3. 本条第 1 款规定的信息可由托管机构在托管合同规定的条件下提供给

第二章　有价证券市场参与者

托管协议中所规定人员。

如果登记员或托管机构设定了包括质押在内的证券权利负担或其他负担的事实，则本条第 1 款规定的信息可以按照俄罗斯银行规定程序提供给有价证券设定负担登记(注册)证券的受益人。

(本款由 2015 年 6 月 29 日第 210 号联邦法修订)

4. 本条第 1 款规定信息也可提供给法院、仲裁法院(法官)和俄罗斯银行，也包括在征得侦查机关负责人同意后向预先侦查机关提供与其调查案件相关的信息、在征得内部机构负责人同意后在内务机关履行与侦查、预防和制止经济犯罪有关职能时向其提供信息，以及联邦法规定的情形和范围内，在选举委员会行使对选举基金、公投基金、政党收到的财产来源、资金构成和支出的监督职能；行使对政党、政党分支机构以及其他以公民和法人捐赠形式登记的分支机构所获得资金的监督职能，以及行使对政党、其地区分支机构和其他注册的分支机构因实施交易而获得的资金和其他财产来源的监督职能时，向其提供相关信息。

(本款由 2015 年 7 月 13 日第 231 号联邦法修订)

5. 如果必要时，也可以向发行人(证券义务人)提供关于开立个人账户(托管账户)的人员信息，和在指定个人账户(托管账户)中登记的对履行联邦法律规定义务必要的证券数量信息，以及在联邦法律规定的其他情形下提供信息。

(本款由 2015 年 6 月 29 日第 210 号联邦法修订)

登记员和托管机构需要按照俄罗斯银行与俄罗斯联邦集中选举委员会规定程序，以及俄罗斯联邦主体选举委员会要求提供副职候选人或其他选举职位候选人所持证券的信息，在联邦法律规定的情况下，为了核实俄罗斯联邦立法规定选举应提供信息的真实性而提供候选人或竞选其他职务代表的配偶和未成年子女的证券信息。如果登记员和托管机构提供了所要求的信息，则登记员和托管机构必须按照俄罗斯联邦与俄罗斯联邦集中选举委员会协议规定程序和规定时限内，在符合俄罗斯联邦立法规定的情况下，将该信息提供给俄罗斯联邦集中选举委员会、俄罗斯联邦各主体的选举委员会。

(本项由 2015 年 7 月 13 日第 231 号联邦法修订)

6. 登记员或者托管机构违反本条规定的，侵权人有权要求有关登记人或者托管机构赔偿损失。

7. 登记员和托管机构按照俄罗斯联邦立法规定程序对违反本条规定承担责任。

第8.6.1条 登记员、名义持有人或有权行使证券集中登记权的人员提供信息的程序

1. 按照发行人(证券义务人)、俄罗斯银行证券持有人、名义持有人或证券集中登记人的要求，必须提供规定日期内的证券持有人名单。如果提供该信息有助于发行人履行联邦法律规定的义务，则发行人(证券义务人)有权提出此项要求。对于发行人(证券义务人)的提供证券持有人名单的要求仅针对登记员或有价证券集中登记人。

(本款由2018年12月27日第514号联邦法修订)

本款所规定的名单应自收到请求之日起十五个工作日内提供，如果请求中指定的日期晚于收到请求之日，则应自该日期起十五个工作日内提供。

2. 证券持有人名单中应当包括：

(1)证券种类、范畴(类型)、识别证券的信息；

(2)识别发行人(证券义务人)的信息；

(3)有关证券持有人的信息，包括依照组织所在国家法律的非法人外国组织、其他行使证券权利的人，以及指定人员的信息。与此同时，在其是行使证券权利的人是共同投资基金或外国组织的管理公司，根据其准据法，如果该公司其他共同投资计划的参与人数超过50人，不论是否设立法人实体，均属于集体投资计划和(或)共同投资计划的情况下，证券持有人名单不包括证券权利受益人的信息；

(4)关于在发行人(证券义务人)国库个人账户(国库托管账户)上、托管个人账户(托管账户)上，以及其他联邦法律规定的其他账户上登记证券权利人的信息，如果上述人未行使证券权利；

(5)能够识别本款第3项和第4项中规定人员和组织及其拥有的证券数量的信息；

(6)记录本款第3项和第4项所述个人和组织的证券权利人的国际标识码，包括外国证券持有人和依照其准据法有权登记和转让权利的外国组织证券；

（7）关于未按照联邦法律提供信息以制定证券持有人名单的人员信息，以及未提供这种信息证券的数量；

（8）关于记录在身份不明人账户上证券数量的信息。

证券持有人的名单不应包括为其行使证券权利人的信息，除非本条第1款规定要求中表明必须提供此种信息。

（本项由2018年11月27日第514号联邦法修订）

3. 如果登记员和委托托管人是名义持有人、外国名义持有人、托管人托管账户已进行登记的人，登记员有权要求其被登记人、托管机构有权要求其托管委托人，在收到本条第1款规定请求的情况下，为确定某一日期的证券持有人名单提供信息。

4. 托管机构应根据在其开立个人账户（托管账户）证券名义持有人的要求，向该人提供编制指定日期证券持有人名单的信息。在这种情况下，托管机构有权要求其托管委托人提供编制上述清单的信息。

5. 根据登记员或托管机构的要求，为了他人利益行使证券权利的人，必须为编制证券持有人的名单提供信息。

如果有价证券登记于联邦法《关于数字金融资产和数字货币和俄罗斯联邦个别立法修正案》中规定的数字金融资产个人账户（托管账户），以下简称数字金融资产个人账户（托管账户），其核算中证明可以行使此类证券权利的数字金融资产信息系统的运营者，应根据登记员或开立数字金融资产个人账户（托管账户）的托管机构的要求，在编制证券持有人名单的必要范围内，提供用于编制相关数字金融资产证券持有人名单的信息。

（本项由2020年7月31日第259号联邦法修订）

6. 名义持有人、行使有价证券集中登记权的人员以及登记员无须对以下事项承担责任：

（本款由2018年12月27日第514号联邦法修订）

（1）登记人和委托人以及发行证明有能力行使发行证券权利的数字金融资产信息系统的运营商未提供和披露信息；

（本项由2020年7月31日第259号联邦法修订）

(2)登记人和委托人以及证明有能力行使发行证券权利的数字金融资产信息系统的运营商所提供的信息真实并完整。

(本项由 2020 年 7 月 31 日第 259 号联邦法修订)

7. 本款规定的信息以电子形式(以电子文件的形式)由名义持有人或名义持有人以及行使有价证券集中登记权的外国名义持有人向登记员予以提供。

(本款由 2018 年 12 月 27 日第 514 号联邦法修订)

第 8.7 条　获得股票现金分红和其他债券现金付款的特性

(本条由 2018 年 12 月 27 日第 514 号联邦法修订)

1. 就股票和债券(以下简称证券)行使权利以及就托管机构登记证券行使权利的人,能够获取股票现金分红或其他现金支付,以及其他债券的现金付款(以下简称证券付款)。托管合同应当规定托管机构向托管委托人交付有价证券付款的程序。同时,托管机构应当根据托管合同通过向银行账户转账的方式移交证券付款。

2. 发行人应当通过将资金转移给登记簿登记的作为名义持有人的托管机构或者实施债券统一登记的托管机构,来履行其证券支付义务和实现托管机构登记的证券权利。上述义务自资金进入在登记簿登记的托管机构或实施集中债券登记的托管机构在信贷机构开立的专门托管账户(作为信贷机构的托管机构账户)之日起视作已履行。

开立登记簿中名义持有人账户的登记证券权利托管机构的证券支付,由发行人或受其委托持有发行人有价证券所有人登记簿的登记人实施,或者信贷机构通过向该托管机构进行资金转账来实施。

3. 发行人有义务向已在登记簿进行证券权利登记的证券权利人,通过向其银行账户或向根据联邦法《使用金融平台进行金融交易》开立的金融平台运营商专门账户现金转账进行证券支付,或者在法律规定情形下,通过邮局电汇的方式付款。自款项汇入有权获得证券付款的人在信贷机构开立银行账户之日起,上述义务被视作已履行,而如果其本人是信贷机构,则自汇入账户之日或收到联邦邮政汇付资金之日起,视作义务已履行。

(本款由 2020 年 7 月 20 日第 212 号联邦法修订)

4. 托管机构必须在收到证券后的 1 个工作日内向其作为名义持有人和受

托人的委托人移交证券付款，如果发行人在规定期限内未履行或不适当地履行该移交义务，则不得晚于收到款项日期后的 3 个工作日内进行。对其他委托人的证券付款移交，最迟应在收到款项的最后 1 天后的第 3 个工作日进行。

5. 实施债券权利集中登记（以下简称债券权利集中登记）的托管机构，应在到期日后 15 个工作日内将债券付款转交其委托人。根据本条第 13.2 款，行使集中权利登记的托管机构应披露向其委托人传递债券到期付款的信息。

在本款第 1 项规定期限届满时，委托人有权要求与之签订托管协议的托管机构进行集中登记债券的付费，而无须托管机构实际获得债券付费。

本款第 1 项规定的义务不应适用于按照其委托人的书面指示成为另一托管机构委托人的托管机构，以及未从其成为委托人的另一托管机构处获得指示的情形，并应当移交集中登记权利债券付款。

6. 托管机构将证券付款移交给作为名义持有人的委托人，委托人依据其专门托管账户行事（作为信贷机构的托管账户）。

7. 发行人应向负责债券权利集中登记托管机构的委托人，承担该托管机构未能履行本条第 4 款规定义务时的补充责任。

8. 股票付款由托管机构在发行人股票股息权利人确定的日期结束前向其委托人移交。

9. 托管机构将债券付款移交给作为其委托人者：

（1）应当在根据债券发行决议确定的应履行债券付款义务的日期结束前履行义务；

（2）如果发行人在发行债券决议规定期限进行债券支付的义务未履行，或者未得到适当的履行，则应当在到期日届满后实施以下行为。

1）债券发行人应当根据本联邦法规定披露信息，披露信息应当关于其就已于登记簿登记债券的履行支付义务意向；

2）根据本联邦法规定无须披露信息的发行人，应当就发行人债券应当支付至已在登记簿开立名义持有人账户托管机构（作为信贷机构的托管机构）的专门托管账户的价款；

3）根据本条第 13 款第 1 项规定实施债券权利集中登记的托管机构，应当披露其获得的应当移交的债券付款信息。

10. 如果债券权利登记于登记簿，则应向登记簿登记的债券权利人在本条第 9 款规定的结束日期前支付债券付款，如果发行人未履行或以不正当方式履行支付债券付款的义务，则发行人无须根据本联邦法在上一个发行人付款期限结束前披露信息。

11. 托管机构应在本条第 8 款和第 9 款规定日期结束前向其委托人交付相应比例已在其托管账户上登记的证券。

12. 在本条第 9 款规定日期前，发行人履行向登记簿登记的债券权利人支付债券付款义务，付款在上述规定日期 5 个工作日内向其开立的银行账户或根据联邦法《使用金融平台进行金融交易》开立的金融平台运营商专门账户支付。

（本款由 2020 年 7 月 20 日第 212 号联邦法修订）

13. 实施债券权利集中登记的托管机构应披露有关信息：

（1）其收到的应当转让的债券付款；

（2）向其作为名义持有人和受托人的委托人移交其收到的债券付款，以及单期债券的付款数额；

（3）通过破产程序与贷款人清算时其所获得的以债券持有人为受益人的价款。

14. 本条第 13 款所述信息的披露程序、时间和范围由俄罗斯银行规范性法律文件规定。

15. 本条关于债券现金支付的规则也应适用于：

（1）不动产实物证券的现金支付；

（2）与终止相关发行的所有债券义务协议有关的现金支付，包括通过补偿或替换的方式，如果此种支付是在赎回该债券之前进行的。

（本款由 2020 年 7 月 31 日第 306 号联邦法修订）

16. 对本条规定的有息证券支付程序的其他要求，由俄罗斯银行规范性法律文件规定。

17. 俄罗斯联邦政府有权决定发行人可以无须遵守本条规定进行支付的情况和条件。

第 8.7.1 条　有权行使有价证券权利的人员名单

第二章　有价证券市场参与者

1. 如果联邦法律规定，要求行使证券权利的人是由某一确定日期行使证券权利的权利人，那么该人员的名单(程序)(以下简称行使权利人员名单)根据联邦法律规定在该日制定(确定)。

根据发行人(证券义务人)以及根据联邦法律有权要求编制此类名单人员的要求，行使证券权利的人员名单(有权参加证券持有人大会的人员名单、优先购买证券的人员名单等)，由登记员或集中登记证券权利的人员制定。

(本项由2018年12月27日第514号联邦法修订)

2. 根据其从开立名义持有人个人账户的名义持有人处获得的证券权利和数据，由登记员编制行使证券权利的人员名单，以及由集中登记证券权利的人员，根据其从作为其委托人的名义持有人和外国代理人获取的证券权利和数据记录编制名单。

(本款由2018年12月27日第514号联邦法修订)

3. 行使证券权利的人员名单包括以下内容。

(1)行使证券权利的人员信息；

(2)在拟定有权获得收入和其他有关证券付款的人员名单的情况下，开立托管个人账户(名义账户)的人员信息；

(3)可以识别本款第1项和第2项所列人员的信息以及他们拥有证券数量的信息；

(4)关于本款第1项和第2项所述具有证券权利的人员，包括外国证券持有人和依照其准据法有权登记和转让权利的外国组织的证券的国际身份代码信息；

(5)如提供的情况下，根据本联邦法第8.9条行使证券权利人员的意愿信息；

(6)根据俄罗斯银行规范性法律文件提供的其他信息。

4. 列入行使证券权利人员名单中的信息可以通过本联邦法第8.9条规定的通知形式提供。

5. 登记员或集中登记证券的人无权拒绝或规避列入行使证券权利的人员名单，除非联邦法律和俄罗斯银行规范性法律文件另有规定。

(本款由2018年12月27日第514号联邦法修订)

6. 在登记簿登记的名义持有人应提供本条规定的资料，包括作为其委托人的名义持有人或外国代理人所提供的资料，如果登记人或名义持有人是托管机构的委托人，则向受托人提供资料。本条规定信息被提供给登记员或进行集中登记证券权利的人，不得晚于联邦法律或俄罗斯银行规范性法律文件规定的日期，提供必需的公告、要求和其他证明行使证券权利人意愿的文件。

(本款由2018年12月27日第514号联邦法修订)

7. 如果名义持有人、外国代理人或有权根据其准据法登记和转让证券权利的外国组织未提供本条第3款规定的证券权利人的信息，或者提供信息违反了本条第6款规定的期限，行使证券权利人不得列入行使证券权利的人员名单。

8. 名义持有人、外国名义持有人或有权根据其准据法登记和转让证券权利的外国组织有权不提供行使证券权利的人员资料，如果其是由合同约定的与证券权利相关的人。未能提供有关行使证券权利人的信息的条件不能包含在名义持有人实施托管活动的条件下。

9. 如果在按照联邦法律规定的情形下应当向证券权利人名单中的人员履行职责，以及通知其按照本条第8款规定合同的条件未被列入证券权利人名单，则行使证券权利人无权要求发行人(证券义务人)履行证券，包括出卖或赎回证券，亦不得质疑证券持有人大会的决定。

10. 名义持有人赔偿托管机构因未能及时提交本条第3款规定的信息或向登记员或集中登记证券人提供不可靠信息而造成的损失，根据托管协议的条款，无论该账户是由登记员还是由集中登记证券人开立的。如果名义持有人按照其托管机构的书面指示成为受托人，并正式履行了向其托管机构的其他受托人提供信息的义务，则免除追索损害赔偿的责任。

(本款由2018年12月27日第514号联邦法修订)

11. 根据任何利害关系人的请求，不迟于收到请求之日起的1个工作日内，登记员或集中登记证券的人员必须向该人提供将其列入行使证券权利人员名单的证明，或证明该人未列入指定名单的证明。

(本款由2018年12月27日第514号联邦法修订)

12. 本条第3款规定的信息应以电子形式(以电子文件形式)由名义持有人

向登记员或名义持有人和集中登记证券的外国名义持有人提供。在本条规定情况下与集中托管机构进行电子互动时,集中托管机构应制定电子文件格式等协调规则。

(本款由 2018 年 12 月 27 日第 514 号联邦法修订)

第 8.8 条 自 2016 年 7 月 1 日起失效。2015 年 6 月 29 日第 210 号联邦法。

第 8.9 条证券权利人即名义持有人、外国名义持有人、外国组织行使证券权利的特性。

(本条由 2015 年 6 月 29 日第 210 号联邦法修订)

1. 名义持有人、外国名义持有人或有权根据其准据法登记和转让证券权利的外国组织、实施证券权利的人员或实施集中登记证券的人员,实施购买证券的优先购买权时,通过向这些组织发出指示(指令)要求出售、购买或赎回属于其的证券权利。

(本款由 2018 年 12 月 27 日第 514 号联邦法修订)

2. 行使证券权利的人员,如果其证券权利由本条第 1 款规定的组织登记,如果合同中规定了此种权利,可以亲自或通过其代表向本条第 1 款规定组织发出指示(指令),并有权:

(1)将问题提交给证券持有人大会议程;

(2)提名发行人为合股公司的管理机构和其他机构的候选人,或提名债券持有人代表;

(3)要求召开(进行)证券持有人大会;

(4)参加证券持有人大会并行使表决权;

(5)对证券行使其他权利。

3. 本条第 1 款和第 2 款规定的指令(指示)程序由与名义持有人、外国名义持有人或有权根据其准据法登记和转让证券权利的外国组织合同确定。

(本款由 2018 年 12 月 27 日第 514 号联邦法修订)

4. 本条第 1 款所述组织接到本条第 1 款和第 2 款规定的指令(指示)的,应当按照本条发出通知,载明行使证券权利的人的意思表示(以下简称意思通知)。意思通知必须包含能够识别行使证券权利人的信息、该信息能够识别证券、证券权利、属于该人的证券数量、登记该人证券权利的组织的国际识别码。

5. 名义持有人发送给该人的通知,其中包括其名义持有人的个人账户(托管账户)信息,行使证券权利的人的意思,其所登记的证券权利,以及其从托管机构(名义持有人和外国名义持有人)获取的意愿通知。

意愿通知以电子形式(以电子文件的形式)发送给登记员或执行集中登记证券的人员。

(本项由 2018 年 12 月 27 日第 514 号联邦法修订)

6. 在符合联邦法律或俄罗斯银行规范性法律文件规定的情况下,对证券权利人的意思表示,同时存在对属于其证券的处置权利限制,获取其委托人意思表示通知的名义持有人或外国名义持有人,应该在名义持有人的账户上记录被设立此种限制的证券数量,针对被设定的限制,登记员可在登记簿内名义持有人的账目上做适当登记。根据联邦法律或俄罗斯银行规范性法律文件规定的依据,可对名义持有人的账户撤销上述限制。

7. 本条第 6 款规定的关于设立或取消对名义持有人账户限制的条款适用于设立扣押证券有关的限制或取消这种扣押。

8. 行使证券权利的人员向本条第 1 款规定的组织提出其意愿的指令(指示),向意愿执行人发送信息给发行人或证券义务人,由登记员或执行集中登记证券权利的人员提出。同时,无须提供俄罗斯联邦立法规定的确认上述人员意愿(公告、声明、要求和其他文件)的文件。证券持有人行使证券权利的意思表示从发行人或证券义务人在收到登记机构或执行证券集中登记人意愿通知的当日被认为收到。

(本款由 2018 年 12 月 27 日第 514 号联邦法修订)

发行人(证券义务人)与登记员或者集中登记证券权利人签订的合同应提供条件,以确保行使证券权利的人员能够通过给予适当的指令(指示)行使其权利。

(本项由 2018 年 12 月 27 日第 514 号联邦法修订)

9. 发行人(证券义务人)根据联邦法律和俄罗斯银行规范性法律文件的规定提供信息和资料,行使证券权利和本条第 1 款所述组织登记证券权利的人

第二章　有价证券市场参与者

员,通过将其转交给登记员以发送给开立个人账户的名义持有人,或将其转交给集中登记证券人发送其委托人。

本款规定的规则也适用于按照联邦法律,有权召开和举行证券持有人大会的人员。

如果发行人或有价证券债务人有义务对以意思表示形式提出的、与行使有价证券权利相关的要求(声明、建议及其他)做出拒绝满足的决定时,应按照本条款规定程序发送该拒绝通知。

发行人(证券义务人)有义务提供信息、资料以及拒绝的意向,自开立个人账户的名义持有人或集中登记证券人收到之日起被视为已执行。

(本款由 2018 年 12 月 27 日第 514 号联邦法修订)

10. 本款规定的信息、资料、通知以电子形式(以电子文件形式)在登记员和开立个人账户的名义持有人之间转移。在与集中托管机构的电子互动中,由集中托管机构确定电子互动规则,包括电子文件的格式。

11. 不迟于发行人(证券义务人)收到本条第 9 款规定的信息和资料之日起一天内,集中登记证券人和开立个人账户的代理人应当转达或向其发送收到信息,并说明在其互联网网站了解相关资料的方法。

(本款由 2018 年 12 月 27 日第 514 号联邦法修订)

12. 对由于未能及时向发行人(证券义务人)提交载有其实施证券权利意愿的文件,无论该账户是由登记员还是由执行证券集中登记人向名义持有人开立,名义持有人均应赔偿委托人的损失,这与托管协议的条款约定相一致。如名义持有人以适当方式履行了向其他托管机构提交上述文件的义务,其根据委托人书面指示成为该托管机构的委托人,则名义持有人被免除被追讨损害赔偿的责任。

(本款由 2018 年 12 月 27 日第 514 号联邦法修订)

13. 俄罗斯联邦政府可以规定在何种情况和条件下可以无须遵守本条规定而行使证券权利。

第 8.10 条　对数字金融资产个人账户(托管账户)中登记证券行使权利的特性

(本条由 2020 年 7 月 31 日第 259 号联邦法修订)

1. 开立数字金融资产个人账户(托管账户)的人,应行使参加股东大会或债券持有者大会的权利,其权利由数字金融资产证明,但条件是数字金融资产的持有人已发出指示,要求在股东大会或债券持有人大会上以某种方式投票,并且发行人已获得该人员的信息,以及每个人所持有的能被数字金融资产证明权利的证券数量。

2. 股票的现金红利及数字金融资产个人账户(托管账户)中登记的债券现金收入和其他现金支付,向数字金融资产个人账户(托管账户)的开立人支付。

3. 俄罗斯银行有权确定编制行使证券权利人员名单的具体内容,以及数字金融资产个人账户(托管账户)中已登记证券权利的可实施证券权利。

第9条　自2014年1月1日起失效。2011年11月21日第327号联邦法。

第9.1条　对外国组织代表机构的要求

(本条由2014年12月29日第460号联邦法修订)

除法律另有规定外,外国组织的代表机构除依照其准据法规定在金融市场进行受规制的活动外,代表机构除外国信贷机构的代表机构外,均有权在俄罗斯联邦境内按照俄罗斯银行确定程序认可的日期开展活动。

第10条　证券市场专业活动的结合

1. 禁止将登记活动与证券市场的其他专业活动相结合,但托管活动除外。

(本款由2010年7月20日第212号联邦法修订)

2. 对金融工具的组合活动和交易的限制由俄罗斯银行规定。

(本款由2011年2月7日第8号联邦法、2013年7月23日第251号联邦法修订)

第10.1条　对证券市场职业参与人的管理机构和员工的要求

(本条由2015年6月29日第210号修订)

1. 董事会(监事会)成员、合议执行机构成员、独任执行机关、证券市场职业参与人分支机构负责人、内部监督部门负责人、证券市场职业参与人的监督人、内部审计部门负责人、负责组织风险管理系统的负责人(负责组织风险管理系统的独立分支部门的负责人)、为开展证券市场职业参与人活动而设立的信贷机构分支部门负责人,或证券市场职业参与人从事专业活动的情况下证券市场独立分支部门的负责人不得是下列人员：

（本款由 2021 年 7 月 2 日第 343 号联邦法修订）

因该组织实施违法行为其金融组织的独任执行机构职权人员，因其组织违法行为上述人员被撤销（吊销）从事相应活动许可，或者因违法行为被中止上述许可活动，如果自撤销（吊销）之日起不足三年，因违法行为未被消除则许可被撤销（吊销）。在该种情形下，联邦法律规定下的金融机构是指证券清算组织、投资基金管理公司、相互基金和非政府养老基金、投资基金的专门托管机构、共同投资基金和非政府养老基金、股份制投资基金、信贷机构、保险机构、非国家养老基金、招标承办单位；

（本款由 2021 年 7 月 2 日第 343 号联邦法修订）

如果自该撤销之日起不满三年，履行外国保险组织分支机构领导职能的人，该组织在分支机构活动范围内实施违法行为，外国保险组织因违法行为吊销保险许可，或者因违法行为导致上述营业许可中止，由于该违法行为未被消除而吊销经营许可；

以取消资质形式科以行政处罚期限未届满的人员；

因经济活动领域的犯罪行为或对国家权力机关的犯罪行为有明确前科或未定罪的人员。

董事会（监事会）有效的成员，在发生本款规定的情况时，自法定授权机构的有关决定生效之日起应被视为已经撤销资格。

执行俄罗斯银行规范性法律文件规定职能的证券交易商工作人员必须遵守本条第 1 款的规定以及俄罗斯银行规范性法律文件规定的资质要求。

（本款由 2014 年 12 月 29 日第 460 号联邦法修订）

2. 选举（任命）实施独任执行机关职能的人员、内部监督部门负责人、证券市场职业参与人的监督人、为开展证券市场职业参与人活动而设立的负责人（将证券市场职业参与人的活动与其他活动相结合），需经俄罗斯银行事先同意方可进行。

（本款由 2014 年 12 月 29 日第 460 号联邦法修订）

3. 证券市场的职业参与人有义务书面通知俄罗斯银行关于本条第 2 款规定职位的拟定任命。该通知应包含确认符合本条第 1 款规定要求的信息。俄罗斯银行自收到通知之日起 10 个工作日内同意所指定任命或提出合理的书面拒绝。如果候选人与本条第 1 款规定的要求不相符，或者通知中包含不完整或不准确的信息，则允许拒绝。

（本款由 2014 年 12 月 29 日第 460 号联邦法修订）

4. 证券市场的职业参与人解雇本条第 1 款所述人员，有义务在做出相关决定之日起的工作日当天以书面形式通知俄罗斯银行。

（本款由 2014 年 12 月 29 日第 460 号联邦法修订）

5. 证券市场的职业参与人选举（解除）董事会（监事会）成员和专业证券市场参与者的合议执行机构成员，有义务在做出相关决定之日起的三日内向俄罗斯银行发出书面通知。

（本款由 2014 年 12 月 29 日第 460 号联邦法修订）

本项自 2015 年 10 月 1 日起失效。2014 年 12 月 29 日第 460 号联邦法。

6. 本条第 2 款和第 3 款的要求不适用于从事证券市场职业参与人活动的信贷机构。

（本款由 2014 年 12 月 29 日第 460 号联邦法修订）

第 10.1.1 条　对有价证券市场职业参与人及其活动的要求

1. 有价证券市场的职业参与人可以是商业公司，在联邦法律规定的情况下，也可以是以某种法律组织形式创建的法人。

2. 有价证券市场的职业参与人必须按照俄罗斯银行制定的证券市场职业参与人的内部监督制度要求组织内部监督体系，同时兼顾所实施交易的性质和规模、所承担风险的等级和结构。有价证券市场职业参与人的内部监督体系应在其内部文件的基础上组织和运行。

（本款由 2019 年 12 月 27 日第 454 号联邦法修订）

3. 根据所要实施交易的性质和规模、所承担风险的等级和结构，在俄罗斯银行规范性法律文件规定的情况下，证券市场的职业参加人应承担以下义务。

（1）任命内部监督员或组建独立的组织单位（内部监督机构）；

（2）任命内部审计员或组建独立的组织单位（内部审计机构）。

（本款由 2019 年 12 月 27 日第 454 号联邦法修订）

第二章　有价证券市场参与者

4. 为管理与在证券市场上开展专业活动以及以自身资产执行交易相关的风险，有价证券市场的职业参与人必须建立风险管理系统，该系统应当与所实施交易的性质和规模、所承担风险的等级和结构相适应，并包含一套能够确保证券市场职业参与人的管理机构，按照俄罗斯银行规定的要求及时保存所需信息的风险监控系统。

（本款由 2019 年 12 月 27 日第 454 号联邦法修订）

5. 证券市场职业参与人必须采取一切合理的措施，识别可能与该证券市场职业参与人、其管理机构成员、工作人员、为相关订单行事的人员、部分客户、控制人和受控人及其客户之间的利益冲突，并控制利益冲突，防止其升级。

如果证券市场职业参与人为防止利益冲突所采取的措施不够充分，不能避免其可能出现的风险，则证券市场职业参与人应在采取与客户财产有关的法律和（或）事实措施之前，通知客户有关利益冲突的一般性质和（或）来源。

俄罗斯银行的法规可能会对专业证券市场参与者的某些行为施加限制和（或）禁止，实施这些行为会证明存在利益冲突。

（本款由 2019 年 12 月 27 日第 454 号联邦法修订）

6. 俄罗斯银行的条例可以规定与证券市场专业活动有关的证券市场专业参与者的内部文件的要求，或根据为证券市场专业参与者和（或）其活动要求而制定的内部文件。

（本款由 2019 年 12 月 27 日第 454 号联邦法修订）

7. 证券市场的职业参与者有权为违反与在证券市场上从事专业活动有关协议的责任风险投保。

（本款由 2019 年 12 月 27 日第 454 号联邦法修订）

第 10.1.2 条　对证券市场职业参与人的创始人（参与者）的要求

（本条由 2015 年 6 月 29 日第 210 号联邦法修订）

1. 因经济活动领域的犯罪或对国家政权的犯罪有明确前科或未定罪的自然人，无权通过直接、间接（通过受其控制的人员）、独立或共同与订立财产委托管理合同、和（或）普通合伙合同、和（或）委托合同、和（或）股东协议、和（或）其他以证券市场职业参与人股票证明其权利为标的协议的人员，来处分构成证券市场职业参与人的法定资本占百分之十以上的表决权股份(股权)。

2. 直接或间接(通过受其控制的人员)单独或与管理公司订立财产委托管理合同、和(或)普通合伙合同、和(或)委托合同、和(或)股东协议和(或)其他以管理公司股份(份额)所代表的权利为标的的协议的人,有权处分构成证券市场职业参与人的法定资本百分之十以上的表决权股份,有义务按照俄罗斯银行规范性法律文件规定的程序和期限向证券市场的职业参与人和俄罗斯银行发出通知。

3. 俄罗斯银行按照其规定程序自有权能够通过直接、间接(通过受其控制的人员)、独立或共同订立财产委托管理合同、和(或)普通合伙合同、和(或)委托合同、和(或)股东协议、和(或)其他以证券市场职业参与人股票证明其权利为标的协议,并有权处分构成证券市场职业参与人的法定资本百分之十以上的表决权股份的人员处,询问并获取其相关信息。

4. 如果证券市场的职业参与人未获得本条第2款规定的,关于其有权直接或间接处分构成证券市场职业参与人的法定资本百分之十以上的表决权股份的通知,并且该通知不符合本条第1款的规定的,则上述人员有权处分构成证券市场职业参与人的法定资本不超过百分之十的表决权股份(股权)。在这种情况下,在确定举办证券市场职业参与人股东(参与者)股东大会的法定人数时,属于该人的剩余股份(股权)不予登记。

5. 本条规定不适用于从事证券市场职业参与人活动的信贷机构。

第10.2条 失效。2015年6月29日第210号联邦法

(本条由2015年6月29日第21号联邦法修订)

第10.2.1条 依据个人投资账户在证券市场开展职业活动的特性

(本条由2015年6月29日第210号联邦法修订)

1. 个人投资账户是为单独核算个人客户的现金、贵金属、证券、为该客户签订的合同项下义务而设计的内部账户,该账户根据本联邦法和俄罗斯银行的规定开立和使用。

(本款由2019年12月27日第454号联邦法修订)

个人投资账户由经纪人或受托人根据单独的经纪服务协议或委托管理协议开立和使用证券,该证券规定开立和使用个人投资账户(以下简称个人投资账户使用合同)。

2. 自然人只有权拥有一个实施个人投资账户合同。在签订新合同的情况下，以前签订的实施个人投资账户合同必须在一个月内终止。

如果自然人以书面形式表明其未与证券市场的其他职业参与人签订合同来实施个人投资账户或意图终止该合同，则证券市场的职业参与人与其签订个人投资账户合同。

3. 自然人有权要求退还其在个人投资账户上登记的金钱和证券，或要求转让给与之签订个人投资账户合同的证券市场另一职业参与人。退还客户个人投资账户登记的资金或证券，或转让给证券市场的其他职业参与人，不得终止个人投资账户合同。

(本款由 2019 年 12 月 27 日第 454 号联邦法修订)

4. 自然人有权终止个人投资账户的合同(经纪服务合同或证券委托管理合同)，同证券市场职业参与人签订实施个人投资账户的其他合同，或转移个人投资账户记录的资金，转移和其他证券市场职业参与人签订个人投资账户其他合同下的证券。

(本款由 2019 年 12 月 27 日第 454 号联邦法修订)

5. 同证券市场的职业参与人签订的个人投资账户合同终止时，必须将个人及其个人投资账户的信息转移给与之签订新的个人投资账户合同的证券市场职业参与人，并由在税费领域获得授权进行控制和监督的联邦执行机构批准上述通知内容。

6. 个人投资账户上记账的资金和证券仅用于履行和(或)保障根据合同签订的个人投资账户合同所规定的义务，以及履行和(或)保障进行个人投资账户合同所规定的义务。

(本款由 2019 年 12 月 27 日第 454 号联邦法修订)

7. 在个人投资账户中入账的资金不能用于履行与证券交易商签订合同所产生的债务。

8. 根据个人投资账户合同，除本条第 4 款规定的情况外，只允许客户转移给证券市场职业参与人。同时，根据该合同，一个日历年内可转移的总额不能超过 100 万卢布。

(本款由 2017 年 6 月 18 日第 123 号联邦法修订)

9. 在委托机构依照开立和使用个人投资账户的委托管理协议向资金信贷机构中托管的有价证券,该证券托管的数额不能超过根据该合同在处分时可转移资金的 15％。

以个人投资账户上登记的财产为对价取得外国发行人的证券,只有在俄罗斯组织交易的证券市场上允许进行交易。

第 10.2.2 条 对证券交易商创始人(参与者)的额外要求

(本条由 2014 年 12 月 29 日第 460 号联邦法修订)

1. 以下人员不得直接或间接(通过受其控制的人员)单独或与管理公司订立财产委托管理合同、和(或)普通合伙合同、和(或)委托合同、和(或)股东协议和(或)其他以管理公司股份(份额)所代表的权利为标的的协议,并因此拥有管理公司注册资本中百分之十以上表决权股份的表决权。

(1)在未规定进行金融交易时需披露和提供信息的国家或地区注册的法人,其名单由俄罗斯联邦财政部批准;

(2)因违规实施金融机构活动被撤销(吊销)许可的法人;

(3)本法第 10.1 条第 1 款规定的自然人。

2. 在创始人(参与者)组成发生变化的情况下,需按照俄罗斯银行规定的程序、时间、形式,由执行证券交易活动的证券市场职业参与人向俄罗斯银行提供变更信息,包括创始人(参与者)的信息,以及对作为证券交易商创始人(参与者)的法人实施直接或间接监督的自然人。

二、交易所有价证券的准入

(本章由 2011 年 11 月 21 日第 327 号联邦法修订)

第 10.3 条 失效。2015 年 6 月 29 日第 210 号联邦法

第 11—13 条 自 2014 年 1 月 1 日起失效。2011 年 11 月 21 日第 327 号联邦法。

第14条　交易所有价证券交易的准入

（本条由 2011 年 11 月 21 日第 327 号联邦法修订）

1. 证券在其配售和流转过程中允许按照俄罗斯联邦立法规定进入证券交易所交易。

（本款由 2013 年 7 月 23 日第 251 号联邦法修订，自 2013 年 9 月 1 日起生效）

1.1　在证券可以通过公开认购进行配售的过程中进入证券交易所交易。

(1)如果拟发行证券的配售说明书已经登记；

(2)如果至少满足本联邦法第 22 条第 1 款第 4－6 项规定的条件之一，则无须登记拟配售证券的招股说明书，如果这些证券被允许交易而未被列入开盘清单，且其发行人承担交易组织者要求的信息披露义务。本项规定不适用于股票和可转换为股票的证券。

（本项由 2018 年 12 月 27 日第 514 号联邦法修订）

2. 证券通过实施上市登记被允许进入交易所交易。只要证券上市登记符合俄罗斯联邦立法、俄罗斯银行规范性法律文件的要求，允许实现证券上市，交易组织者有权规定对许可进入交易所交易证券的补充要求。债券发行计划框架内债券上市登记的特性，由俄罗斯银行规范性法律文件规定。

（本款由 2012 年 12 月 29 日第 282 号联邦法、2013 年 7 月 23 日第 251 号联邦法、2018 年 12 月 27 日第 514 号联邦法、2020 年 7 月 31 日第 306 号联邦法修订。）

证券以证券发行人（证券义务人）合同为基础上市登记，但下列情况除外：

(1)联邦政府证券或俄罗斯银行债券的上市登记；

（本项由 2017 年 6 月 30 日第 128 号联邦法修订）

(2)发行人本人作为交易组织者实施证券上市登记；

(3)如果该证券已经通过另一个交易组织者的上市登记程序，则由交易组织者实施的证券上市登记而不纳入开盘清单；

(4)本联邦法规定的其他情况。

（本项由 2012 年 12 月 29 日第 282 号联邦法修订）

3. 将证券纳入开盘清单或将其排除开盘清单的规则必须符合俄罗斯银行

规范性法律文件的要求。证券交易所有权通过将其列入开盘清单作为许可进入交易所交易证券清单一部分的方式进行证券上市登记。

4. 交易系统无权通过将证券列入开盘清单方式进行上市登记。

5. 交易组织者有权提供服务，协助发行共同投资基金的投资股票。

6. 交易组织者有权拒绝证券进入交易所交易或列入开盘清单，或者将证券移除开盘清单，或者停止证券进入交易所交易。如果交易组织者无理由终止证券进入交易所交易，则终止交易所交易行为不得早于自组织者披露停止许可证券进入交易所交易的组织交易信息之日起三个月。

(本款由 2018 年 12 月 27 日第 514 号联邦法修订)

7. 本联邦法有关证券的许可规定，包括对于外国发行人证券进入交易所交易的许可规定，均不适用于交易所只能通过托管合同进行交易的证券。本联邦法第 27.6 条第 2 款，第 30 条和第 30.1 条的规定同样不适用于上述证券。同时，除只能以职业投资人名义签订的以参与清算证作为证券的托管协议以外。

(本款由 2013 年 12 月 21 日第 379 号联邦法修订)

第 14.1 条　单独证券的交易所交易的准入特性

(本条由 2011 年 12 月 7 日第 415 号联邦法修订)

1. 如果该债券由集中托管机构进行登记，则集中登记权利的债券允许进入交易所交易。如果此种债券的发行决定未规定其可流转，则本规则不适用于该许可该债券在交易所交易。

(本款由 2018 年 12 月 27 日第 514 号联邦法修订)

2. 只要相互投资基金的委托管理规则或抵押委托管理规则规定了在交易所中流转该证券的可能性，则投资股票和抵押证券参与者可以在交易所进行交易。

第 15 条　自 2014 年 1 月 1 日起失效。2011 年 11 月 21 日第 327 号联邦法。

(一) 专业公司

(本章由 2013 年 12 月 21 日第 379 号联邦法修订)

第 15.1 条　专业公司

第二章 有价证券市场参与者

1. 专业公司分为专业金融公司和专项融资公司。

2. 专业金融公司的业务目标和对象是购买财产权，要求贷款合同下的债务人(以下简称货币债权人)履行贷款合同和(或)其他义务(包括未来由现存或未来义务产生的权利)，获取与所购货币债权相关的其他财产，包括根据租赁合同和租约合同产生的财产，并发行以货币债权质押担保的债券。

(本款由 2018 年 4 月 18 日第 75 号联邦法修订)

专项融资公司的活动目标和对象是长期(不少于三年)投融资项目，因实施该项目而出现的财产流转、提供服务、生产商品和(或)使用该项目产生财产来实施工程，获得执行或相关的其他财产实施项目，发行以货币债权和其他财产质押担保的债券。

专业公司的章程可以规定其能够开展的活动对象和(或)活动类型的额外限制。

由俄罗斯联邦或国家发展公司"俄罗斯联邦对外经济银行"拥有 100% 的股份(法定资本的份额占比)的，或者由 2015 年 7 月 13 日第 225 号联邦法《关于促进住房部门发展和提高管理效率以及俄罗斯联邦某些立法修正案》中规定的统一住房发展机构拥有的专项融资公司，有权通过提供贷款，包括购买可转让债券，为长期投资项目提供资金。如果贷款(信贷)的目的，包括债券贷款，是为了实施该投资项目，以及通过上述贷款和信贷协议下的货币债权的质押和上述债券的质押来担保发行债券的权利，则在贷款和信贷协议项下获得货币债权的条件是依据分配资金目的来使用。

(本项由 2087 年 11 月 28 日第 452 号联邦法、2020 年 7 月 31 日第 306 号联邦法修订)

3. 专业金融公司的俄语全名应该包含"专业金融公司"字样，专项融资公司的全名是"专项融资公司"。其他法人不得使用"专业金融公司"或"专项融资公司"等字样及其组合。

4. 专业公司可具有符合其章程规定活动目标和对象的公民权利和与该活动实施有关的义务，包括处置取得的现金需求和其他资产，以获得需经专业公司章程规定限制的贷款(贷款)，保证未履行专业公司债券义务的责任风险，和(或)专业公司所购货币债权未履行义务的风险，进行旨在提高、利用信誉或降低专业公司财务损失风险的其他交易。

（本款由 2018 年 4 月 18 日第 75 号联邦法修订）

专业公司不得以个人贷款形式筹集资金，除个人购买专业公司债券所吸纳的贷款外。

5. 在向专门公司进行转让的情况下，如果产生该费用的转让是在未经债务人同意的情况下进行的，则该公司没有义务偿还作为个人的债务人因转让而产生的必要费用。

6. 除了货币债权抵押以外，对专业公司债券履行义务还可以通过抵押属于该专业公司和(或)第三方的其他财产以及本联邦法规定的其他方法来担保。

7. 如果货币债权以质押或其他第三人的权利为担保，除了同一发行人的其他债券持有人的债权和发行人合同项下债权人的债权之外，专业金融公司不得以债务质押作担保发行专业金融公司债券的条件。

（本款由 2018 年 12 月 27 日第 514 号联邦法修订）

8. 与专业公司的贷款人签订合同或者发行专业公司债券的条款，可以规定债权人或者债权人在申请因不能履行质押货币债权而收到的资金债权，并在提供其他担保的情况下．如果以此种担保为代价，则其应被视为已经付清。

（本款由 2018 年 12 月 27 日第 514 号联邦法修订）

9. 1995 年 12 月 26 日第 208 号联邦法《股份公司法》和 1998 年 2 月 8 日第 14 号联邦法《有限责任公司法》的规定适用于本法所规定的专业公司特性。

10. 自 2020 年 1 月 1 日起失效。2018 年 12 月 27 日第 514 号联邦法。

11. 专项融资公司有权根据联邦法《关于银团贷款和对俄罗斯联邦某些立法的修正案》参加贷款人银团。

（本款由 2017 年 12 月 31 日第 486 号联邦法修订）

第 15.2 条　专业公司创建、重组、清算和合法地位的特性

1. 专业公司只能通过创立附属机构形式来建立。专业公司的股份（包括资本的赠与）包括其创立的支付费用，只能以现金支付。

2. 专业公司无权决定减少其注册资本，包括其购买的部分股权（在法定资本中的股份）。在未规定披露和提供金融交易信息的国家或地区登记的法人不能作为专业公司的创始人（参加人），具体名单由俄罗斯联邦财政部确定。

3. 专业金融公司不能自愿重组。

4. 如果某专业公司的债券尚未履行义务,则经该债券持有人的同意,允许专业公司自行清算。有关同意的决定根据该债券持有人股东大会有权在该股东大会上表决的人员所拥有的十分之九的表决权超过半数时做出。

5. 根据俄罗斯联邦破产法的规定,向专业公司作为破产人就不履行或不履行以质押担保的专业公司债券履行义务的申请,应提交至仲裁法院。

6. 专业公司的章程可以包含以下内容:

(1)联邦法律未规定的,未进行专业公司的股息(利润分配)申报和支付的情况和条件,或者禁止专业公司宣布和支付股息(利润分配)的情况和条件;

(2)经专业公司债券持有人或专业公司债权人同意决定的问题清单(包括对专业公司的章程进行修订和(或)修改,对专业公司进行某些交易的批准)。

7. 专业公司章程规定的取得专业公司债券持有人的同意,应当通过债券持有人大会作出决定,如果根据发行条款或者债券持有人大会决议将有关问题的决定权归于该债券持有人代表的权利,则不予受理。

(本款由2018年12月27日第514号联邦法修订)

8. 除了本条第6款规定的条款之外,专项融资公司的章程也可包含以下规定:

(1)专项融资公司的董事会(监事会)和(或)审计委员会(审计师)不被选举;

(2)1995年12月26日第208号联邦法《股份公司法》第10章和第11章以及1998年2月8日第14号联邦法《有限责任公司法》第45条和第46条的规定,不适用于专项融资公司按照该专业公司董事会(监事会)不被选举的章程进行的交易。

9.《俄罗斯联邦民法典》第90条第4款和第99条第4款规定的规则、1995年12月26日第208号联邦法《股份公司法》第9章第35条第4-12款所规定的关于股份公司购买和赎回配股的规定以及1998年2月8日第14号联邦法《有限责任公司法》第20条第3.5款、第23条和第24条规定的规则不适用于专业公司。

10. 1995年12月26日第208号联邦法《股份公司法》第10章和第11章、

1998年2月8日第14号联邦法《有限责任公司法》第45条和第46条规定的规则不适用于专业金融公司。

11. 1995年12月26日第208号联邦法《股份公司法》第65条第1款第2、4、10、11和13项规定的问题是指按照其中未选举该专业公司的董事会（监事会）的章程，专业金融公司的独任执行机关的能力以及专项融资公司的独任执行机关的权限问题。

12. 专项融资公司董事会（监事会）成员、合议执行机构成员、独任执行机关、总会计师不得为本联邦法第10.1条第1款规定的人员。

13. 专业金融公司的独任执行机关的权力应移交给符合本法第15.3条规定的商业组织（管理公司）。专门金融公司和承担专门金融公司独任执行机关权力的商业组织（管理公司），为俄罗斯联邦反垄断立法目的不得认可为承担独任执行机关功能群体成员（没有俄罗斯联邦反垄断立法规定的其他依据）。

14. 如果专项融资公司的独任执行机关的职权移交给管理公司，则该管理公司必须遵守联邦法第15.3条的要求。

15. 在专业金融公司里不选举董事会（监事会）和审计委员会（审计师），不建立合议执行机构。专业金融公司不得雇佣职工人员，无权签订劳动合同。

16. 专业公司进行与本法和（或）由其章程规定的活动目标和对象相矛盾的交易，如果证明交易的另一方知道或应该知道专业公司活动目标和对象的限制，假设交易的另一方知道专业公司活动目标和对象的限制，公司名称全称包含"专业金融公司"或"专项融资公司"字样，则被法院认定为专业公司、其创始人（参与者）或专业公司的债权人（包括专业公司债券持有人）诉讼无效。

17. 拥有专业公司至少10%的有表决权股份的某个股东或某些股东（总数不少于参加者总票数的十分之一）有权召开专业公司股东（参与者）大会、有权解决提前终止专业公司管理公司（独任执行机关）权力问题、转让另一家管理公司（组建一个独任执行机关）的问题，如果在联邦法律规定的期限内，作为独任执行机关的人员未作出决定召开大会或拒绝召开的决定，则可召开股东大会。同时该专业公司的股东（参与者）有权召开股东大会，召开该股东大会的费用可以由专业公司承担。

第15.3条　专业公司的管理公司

1. 专业公司的管理公司可以是管理投资基金的管理公司、共同基金、私人养老基金或作商业公司的其他组织，上述组织应当被列入有权开展专业公司的公司管理活动的俄罗斯银行组织名单登记簿中（以下简称"专业公司管理公司登记簿"）。俄罗斯银行拥有专业公司管理公司的登记簿，并应将其公布在官方网站上。

2. 不允许将专业公司的独任执行机关的权力转移给管理公司，即：

（1）控制专业公司的人员；

（2）初始债权人履行对专业公司债券抵押担保的监督人或初始债权人的控制人。

3. 以下人员不得直接或间接（通过受其控制的人员）单独或与管理公司订立财产委托管理合同、和（或）普通合伙合同、和（或）委托合同、和（或）股东协议和（或）其他以管理公司股份（份额）所代表的权利为标的的协议，并因此拥有管理公司注册资本中百分之十以上表决权股份的表决权：

（1）在未规定披露和提供金融交易信息的国家或地区登记的法人，具体名单由俄罗斯联邦财政部确定；

（2）因违规实施金融机构活动被撤销（吊销）许可的法人；

（3）本法第10.1条第1款规定的自然人。

4. 专业公司董事会成员（监事会）、合议执行机构成员、独任执行机关、总会计师不能是本联邦法第10.1条第1款规定的人员。

5. 如果列入专业公司管理公司登记簿的机构未履行义务，则根据本法和（或）俄罗斯银行规范性法律文件下俄罗斯银行关于消除违法要求的指示，俄罗斯银行有权将该组织从专业公司管理公司的登记簿中注销。

第15.4条 破产情况下抵押担保债券发行人对专业公司的更换

1. 如果仲裁法院宣布作为抵押债券发行人的专门公司破产，并启动破产程序，则此类债券下的所有义务可转移至另一家专门公司（债券发行人的更换）。然而，专业金融公司的债券义务只能转让给另一家专业金融公司，专业金融公司的结构性债券义务只能转让给根据其目的和范围被授权发行结构性债券的专业金融公司。专业项目融资公司的债券义务只能转让给另一家专业的项目融资公司。

(本款由2018年4月18日第75号联邦法修订)

2. 在专门的债券发行人公司破产的情况下，应允许在债券持有人的同意下，根据俄罗斯联邦破产法规定的理由和方式更换该公司。此类债券持有人的同意应通过此类债券持有人大会的决定获得。如果发行的两期或更多期的债券有相同的抵押担保的义务，并且为其履行设定了不同的优先权，那么只有在征得债券持有人的同意后，才允许更换债券的专门公司发行人。

3. 除非俄罗斯联邦破产法另有规定，在破产的情况下债券发行人更换专业公司，债券义务由债券持有人作为抵押的货币债权和属于专业公司的其他财产，一同转移给该债券的新发行人。

4. 在破产的情况下债券发行人更换专业公司，通过对发行(增发)债券的决定做出适当修订来执行。

(本项由2018年12月27日第514号联邦法修订)

在专业公司破产的情况下，发行债券决定的变更，债券发行人的更换，应按照本联邦法第24.1条规定的程序做出。

(本项由2018年12月27日第514号联邦法修订)

5. 如果该债券的招股说明书是针对被认定为破产的专业公司债券进行登记的，则该新债券的发行人有义务根据本联邦法第30条披露信息。

(二)存储机构

(本章由2015年12月30日第430号联邦法修订)

第15.5条　存储机构业务范围

1. 存储活动是指根据俄罗斯银行颁发的从事收集、记录、处理、储存和提供的非在证券交易所中所订立的存储协议、金融衍生工具协议、其他联邦法和俄罗斯银行规范性法律文件所规定协议的许可，以及根据联邦法律和存储活动规范规定情形下的其他信息，以及根据上述合同和其他信息的登记簿(以下简称合同登记簿)开展的活动。

(本款由2020年7月20日第212号联邦法修订)

2. 开展存储活动的法人被称为存储机构。

3. 证券交易所、清算机构、集中登记机构、不具有集中登记机构地位的清算机构有权开展存储机构活动。

(本项由 2020 年 7 月 20 日第 212 号联邦法修订)

中央交易对手无权开展存储活动。

为实施存储机构业务,证券交易所、清算机构、集中存储机构、不具有集中存储机构地位的清算机构应建立独立的单位。

4. 俄罗斯联邦除存储机构以外的法人均不得在其商业名称中使用"存储机构"一词以及由此派生的词语及其相关词组。

5. 使用与存储机构业务范围(以下简称"存储服务")相关的存储机构服务的人,被称为存储客户。

6. 存储机构和存储客户之间签订的合同并在提供存储机构服务的过程中规范其关系,被称为提供存储机构服务的合同。

7. 提供存储机构服务的合同是公共合同。

8. 存储服务协议是通过与存储活动实施规范中所规定的协议相合并来进行签订的。

第 15.6 条 存储机构业务范围的实施规则

1. 存储机构业务范围的实施规则应包含提供存储机构服务的以下合同条款:

(1)存储机构的权利和义务,存储机构客户的权利和义务;

(2)提供存储机构服务的程序;

(3)存储客户向存储机构发送信息的程序,包括以纸质或电子形式提交信息的形式和格式,以及填写程序;

(4)为存储客户提供对合同登记簿中科目提出异议的程序,以及审查存储机构反对意见的程序和条件;

(5)根据合同登记簿提供信息的程序和期限。

2. 存储机构业务范围的实施规则以及其变更由存储机构的统一执行机构批准,并由俄罗斯银行按照其规定程序进行登记。俄罗斯银行登记的存储机构活动实施细则及其变更规定,可在互联网官方网站上公布,不得早于其发布十日后生效。

第 15.7 条 存储机构活动的要求

1. 存储机构活动根据联邦法律和通过的俄罗斯银行规范性法律文件实施。

2. 为开展存储机构活动而设立单位的负责人必须具有不低于高等教育（专家和硕士）的教育水平，并且符合联邦法第 10.1 条第 1 款规定的要求。

3. 存储机构有义务在不迟于有关决议通过之日后的 1 个工作日内，通知俄罗斯银行关于为执行存储活动设立单位任命负责人的决议，或根据俄罗斯银行规范性法律文件规定程序将其解雇的决议。

4. 存储机构有义务组织与实施存储机构活动有关的内部监督、内部审计和风险管理系统，这些系统必须与其开展活动的范围和性质相符合，并批准内部监督、内部审计和风险管理的规则，其中包含旨在减少与实施存储机构活动相关的运营风险和其他风险的措施。上述规则及其修正案由存储机构的董事会（监事会）批准，并由俄罗斯银行根据其规定程序进行登记。

5. 对与实施存储机构活动相关的内部监督、内部审计和风险管理系统的相关要求由俄罗斯银行规范性法律文件规定。

6. 存储机构必须拥有位于俄罗斯联邦领土上的软件和硬件的基础和备份的复合体。存储机构的软件和硬件必须与其操作的性质和范围保持一致，并确保其活动持续运营。

7. 根据俄罗斯银行规范性法律文件的要求，存储机构需要制定和批准财务可持续性计划和连续性计划。

8. 存储机构提供服务的费用以及变化，经由存储机构批准，将公布在存储机构的官方网站上。如果存储机构提供的服务的费用增加，有关变更将在信息库官方网站公布之后 90 天内生效。

第 15.8 条　存储机构管理合同登记簿的程序

1. 联邦法律和俄罗斯银行条例中规定的人员应按照俄罗斯银行条例中规定程序、组成、形式和期限向存储机构提供本联邦法第 15.5 条第 1 款规定的信息，如果联邦法律另有规定，则还需提供开展存储活动的规则信息。

（本款由 2020 年 7 月 20 日第 212 号联邦法修订）

2. 如果本法第 15.5 条第 1 款规定的合同是根据一般协议（单一协议）达成的，则俄罗斯银行规范性法律文件中规定的人员同时向存储机构提供关于总协议（单一协议）的信息。

（本款由 2020 年 7 月 20 日第 212 号联邦法修订）

3. 俄罗斯银行规范性法律文件中规定人员向存储机构提供信息的义务在按照存储机构活动实施规则自收到此类信息之时被视为履行。

（本款由 2020 年 7 月 20 日第 212 号联邦法修订）

4. 在本条第 2 款规定的情况下，存储机构应在不迟于收到相关信息的次日，在合同登记簿中录入本联邦法第 15.5 条规定的信息，包括关于总协议（单一协议）的条目。

（本款由 2020 年 7 月 20 日第 212 号联邦法修订）

5. 如果违反俄罗斯银行规范性法律文件和存储机构活动实施规则的要求将合同信息发送至存储机构，则存储机构拒绝存储客户记入本条第 4 款规定的记录。

（本款由 2020 年 7 月 20 日第 212 号联邦法修订）

6. 存储机构应在不迟于将合同记录记入合同登记簿之日后的 1 个工作日内通知存储客户。

（本款由 2020 年 7 月 20 日第 212 号联邦法修订）

7. 俄罗斯银行规范性法律文件规定存储合同登记簿管理程序的附加要求。

8. 存储机构经侦查机关负责人同意，应根据联邦法律向存储机构客户、仲裁法院（法官）以及在其待审案件中向预先侦查机关和其他人员提供的关于在合同登记簿上进行登记的信息，以及在提供存储服务协议基础上收到的其他信息，并依照存储活动实施规范和（或）俄罗斯银行颁布的规范性法律文件中规定的清单以及俄罗斯银行规范性法律文件中所规定的程序和期限提供。

（本款由 2020 年 7 月 20 日第 212 号联邦法修订）

9. 存储机构有义务根据提供数据库服务合同确保其收到信息的完整性和安全性，以及合同登记簿记录的完整性，保密性，防止信息失真以及未经授权的访问，以及在提供存储机构服务合同期限内电子签名的安全性，在提供存储机构服务合同终止的情况下，存储机构的义务履行应自提供存储机构服务合同终止之日起应当不少于 5 年。

10. 存储机构有义务按照俄罗斯银行规范性法律文件规定程序、组成、形式和期限向俄罗斯银行提交合同登记簿。

11. 存储机构有义务汇总合同登记簿上的信息，根据指定登记簿上信息进行指标计算,并按照俄罗斯银行规范性法律文件规定的数量和程序,在数据库官方网站上公布信息。

12. 按照存储客户的要求,存储机构有义务将与合同有关的合同注册信息全部转移到其他存储机构,存储信息由存储机构发送至存储客户。俄罗斯银行的规范性法律文件规定将信息从合同登记簿转移到另一个存储机构的程序和时间限制。

13. 根据俄罗斯联邦立法和存储服务提供合同,存储机构在以下情况下赔偿存储客户损失:由于存储机构不合理地拒绝将合同登记在合同登记簿中,在合同登记簿上登记时,收到的有关合同的信息被扭曲、非法披露和提供载入合同登记簿的信息,或提供不真实的、不完整的和(或)来自合同登记簿的误导性信息。

(本款由 2020 年 7 月 20 日第 212 号联邦法修订)

14. 存储机构有权在一定范围内按照存储活动规则规定的程序,提供包含合同登记簿中的一般信息和不包含个人数据的信息,包括俄罗斯银行按照本法第 11 条未规定承担披露义务的信息。

(本款由 2020 年 7 月 20 日第 212 号联邦法修订)

第 15.9 条 存储服务客户委员会

1. 存储机构必须在俄罗斯银行颁发执行存储机构活动许可证之日起三个月内建立一个存储服务客户委员会(以下简称"委员会")。

2. 自成立之日起,委员会负责协调本联邦法第 39.3 条第 2 款第 3、4 和 6 款规定的存储机构内部文件草案,以及存储机构提供的服务费用及变更。

如果委员会不同意存储机构提供服务的内部文件或收费草案,可以由董事会(监督委员会)成员投票通过存储机构的董事会(监委会)决定批准该文件。

按照俄罗斯银行规定的程序,委员会可以要求俄罗斯银行确定存储机构提供存储机构服务和(或)确定其程序的最高收费的数额,而俄罗斯银行有权根据这一要求确定最高收费的数额和(或)确定程序。

3. 委员会不能包括存储机构的员工。委员会成员总数中至少有四分之三应该是存储机构客户的代表。委员会成员在自愿的基础上开展活动,除了直接与工作有关的费用补偿之外,会员无权为履行分配给其职能获取报酬。

4. 委员会的组织程序、工作及决策程序以及委员会成员的责任由存管服务用户委员会条例确定，该条例由存管机构的授权机关批准。委员会组织程序的额外要求可由俄罗斯联邦中央银行规范性文件规定。存管服务用户委员会条例及其修订应于批准之日起三个工作日内公布在存管机构的"互联网"信息通信网络官网上。

（本款由 2019 年 12 月 27 日第 484 号联邦法修订）

第三章 可发行有价证券

一、可发行有价证券的基本规定

第16条自2020年1月1日起失效。2018年12月27日第514号联邦法。

第16.1条 可发行有价证券的一般规定

(本条由2018年12月27日第514号联邦法修订)

1. 任何财产权利和非财产权利,无论其名称如何,如果其产生和流转的条件符合本联邦法第2条第1款第1项规定的有价证券的属性集合,应被视为可发行有价证券。

2. 除非联邦证券立法另有规定,可发行有价证券只能是无纸化证券,其持有人的权利在发行证书中得到确认。

3. 俄罗斯发行人可以在俄罗斯联邦境外配售可发行有价证券,包括根据外国法律配售可证明俄罗斯发行人有价证券权利的外国发行人的证券,但必须得到俄罗斯银行的许可。

4. 除非本条另有规定,组织俄罗斯发行人的有价证券在俄罗斯联邦境外流转,包括根据外国法律配售能够证明俄罗斯发行人有价证券权利的外国发行人证券,只能在俄罗斯银行许可下才允许流转。

5. 在下列情况下,俄罗斯银行允许俄罗斯发行人的有价证券在俄罗斯联邦境外配售和(或)组织流转:

(1)俄罗斯发行人的证券发行(增发)已被登记;

(2)俄罗斯发行人的证券在至少一个证券交易所上市;

(3)如果俄罗斯发行人的股票和可兑换证券,预计将在俄罗斯联邦以外的

第三章　可发行有价证券

地方配售和（或）组织流转，包括根据外国法律借助于外国发行人能够证明俄罗斯发行人证券权利的证券进行配售，则其数量不应超过俄罗斯银行条例规定的定额标准；

（4）如果依据的是根据外国法律将外国发行人能够证明俄罗斯发行人证券权利证券进行配售的合同，则对上述证券表决权的行使不得违背上述外国发行人证券持有人的指示；

（5）如果为了对俄罗斯发行人预计将在俄罗斯联邦以外的地方配售和（或）组织流转，包括根据外国法律借助于外国发行人能够证明俄罗斯发行人证券权利的证券进行配售，则应当开立托管项目的托管账户对可发行证券进行登记；

（6）符合本联邦法和其他联邦法律规定的要求。

6. 俄罗斯银行应根据申请及确认符合本条规定的文件发放俄罗斯发行人在俄罗斯联邦境外配售和（或）组织流转的许可。此类申请的形式（格式）、对其内容的要求及所附文件清单应根据俄罗斯银行的规范性法律文件确定。

俄罗斯发行人在俄罗斯联邦境外证券的配售许可可与该证券发行（增发）的国家登记同时颁发。

7. 俄罗斯银行有义务在收到所有需要的文件后 30 天内，颁发俄罗斯发行人有价证券在俄罗斯联邦境外配售和（或）组织流转的许可证，或做出拒绝颁发许可证的合理决定。

俄罗斯银行有权对为获得授权而提交文件中信息的真实性进行核查。在这种情况下，本款第 1 项规定的期限可在核查期间中止，但不得超过 30 天。

8. 签署了俄罗斯发行人在俄罗斯联邦境外配售和（或）组织流转有价证券申请书的人必须向俄罗斯银行提交关于俄罗斯发行人在俄罗斯联邦境外配售和（或）组织流转证券结果的通知。该通知的形式（格式）、内容要求、提交条件由俄罗斯银行的规范性法律文件规定。

9. 在以下情形下，俄罗斯联邦境外配售和（或）组织俄罗斯发行人证券流转无须得到俄罗斯银行的许可：

（1）用于在俄罗斯联邦境外配售和（或）组织政府证券的流转；

（2）根据外国法律发行的不属于可转换股票的俄罗斯发行人证券在俄罗斯

联邦境外的配售或组织流转。

10. 俄罗斯发行人根据外国法律发行证券，并在境外配售或组织流转后，应通知俄罗斯银行。此类通知的形式、对其内容要求、提交的最后期限由俄罗斯银行的规范性法律文件规定。

(本项由2022年4月16日第114号联邦法修订)

11. 联邦法律可以规定终止俄罗斯联邦境外俄罗斯发行人的股票流通，以及根据外国法律组织配售证明俄罗斯发行人股票权利的外国发行人有价证券。

(2022年4月16日出台的第114号联邦法律，自2022年4月16日对本联邦法第16.1条补充了第11款。)

第17条 关于可发行有价证券发行(增发)的决定

(本条由2018年12月27日第514号联邦法修订)

1. 可发行有价证券的发行(增发)的决定应包含以下内容。

(1)发行有价证券的种类和范畴(类别)；

(2)在俄罗斯联邦立法规定面值的情况下，有价证券的面值；

(3)有价证券持有人的权利；

(4)本联邦法、其他关于有价证券的联邦法律、俄罗斯银行根据此类法律和条例制定规范性法律文件规定的其他信息(细节)。

2. 关于发行债券的决定应规定，债券权利应在登记簿中进行登记，或指定集中登记债券权利的托管机构。在债券开始配售后，禁止用登记簿登记债券权利来取代托管机构债券权利集中登记，同时也禁止以托管机构对债券权利集中登记来取代登记簿中登记的债券权利。

3. 发行股票和可转换为股票的证券的决定应得到发行该证券公司授权管理机构的批准。

4. 发行有价证券的决定应由担任发行人独任执行机关职务(行使职能人)的人，或由其授权的授权发行人签署。

5. 除本联邦法规定的情况外，发行人无权在本决定确定的有价证券权利范围内，变更证券的发行决定。

(本款由2013年7月23日第251号修订，自2013年9月1日起生效)

6. 发行人和管理证券持有人登记簿的登记机构或管理证券权利集中登记

的托管机构，应根据任何利益相关者的要求，在不晚于收到决议后的 1 个工作日内提供审查已登记证券发行决议的机会，如果利益相关者要求提供决议的副本，则在收到要求后的 3 个工作日内提供该副本。向有关人员提供已登记的证券发行决定的副本，其费用不超过其制作成本。已登记的证券发行决定的程序要求应由俄罗斯银行的规范性法律文件规定。

7. 在俄罗斯联邦法律或俄罗斯银行规范性法律文件规定的情形下，发行有价证券的决定应该规定发行的有价证券只针对职业投资人。

8. 证券发行决定的形式（格式）应根据有价证券的种类、类别（类型）和配售方法，由俄罗斯银行规范性法律文件规定。

第 17.1 条　提前清偿债券

1. 如果发行债券协议规定了发行人在其清偿期届满前清偿或者部分清偿发行债券的权利（以下简称发行人酌情提前清偿债券），发行人酌情提前清偿证券应当针对该次发行的所有债券。

（本款由 2018 年 12 月 27 日第 514 号联邦法修订）

2. 如果在发行债券决定中，规定了债券持有人在清偿期届满前清偿债券（以下简称应持有人请求清偿债券）的请求权，如果上述决定未规定更长的期限，则债券持有人有权在发行人和（或）以债券持有人名义为其利益行事的代理人（以下简称债券持有人代表）披露有关产生此种持有人债券权利信息后 15 个工作日内提出该请求。如果在 3 个工作日内未披露该信息，则债券持有者应有权提出提前清偿债券的请求，发行人应在收到相应请求后的 7 个工作日内清偿债券。

（本款由 2018 年 12 月 27 日第 514 号联邦法修订）

3. 应债券持有人请求规定提前清偿债券的决定，当该期发行债券一定比例债券被要求提前清偿，且该比例不得超过该期流转债券总额的 25％时，可包括提前清偿该期所有债券的条件。

（本款由 2018 年 12 月 27 日第 514 号联邦法修订）

4. 在下列情形下，持有人应有权要求提前清偿到期的债券，无论在发行债券决定中对该权利是否做出规定：

（1）如果出现严重违反债券义务履行条件的情形；

(2)由于发行人未能遵守本联邦法和(或)交易组织者的规则所规定的信息披露要求，而导致债券退市的情况，包括由于未进行招股说明书登记而进入交易所导致的债券退市；

(3)联邦法律规定的其他情形。

(本项由 2018 年 12 月 27 日第 514 号联邦法修订)

除非联邦法律规定了其他期限，否则自引发该权利产生的情况(事件)发生之时起，持有人有权要求提前清偿债券，而在严重违反履行债券义务条件的情况下，该权利产生源于本条第 5 款规定情况发生之时，直到发行人或(或)债券持有人代表披露消除违规信息之日。发行人应在收到相关请求后的 7 个工作日内，按照本款规定清偿所提出的提前清偿债券请求。

5. 下列情形被视为违反债券义务履行条件：

(1)逾期未履行支付债券利息的义务，即除发行债券决定中规定的更短期限以外，超 10 个工作日未支付；

(2)逾期未履行支付债券部分票面价值的，即除发行债券决定中规定的更短期限以外，如果发行债券决定规定了此种义务，且超过 10 个工作日未支付；

(3)逾期未履行购买债券的义务，如果在证券发行决定中规定了此种义务，除发行债券决定中规定的更短期限以外，如超 10 个工作日未履行义务；

(4)丧失对债券的担保或该担保实现的条件严重恶化，除非关于发行此类担保债券的决定另有规定。

6. 通过全体持有人会议做出的拒绝提前清偿债券请求的决定，则不就持有人请求进行债券提前清偿。

第 17.2 条 发行人购买债券

(本条由 2013 年 7 月 23 日第 210 号联邦法修订)

1. 发行人有权在债券发行协议约定的情形下，购买其已发行的债券。发行人购买同一期债券应当遵守相同条件。债券持有人可以提出购买发行人所持有债券要求的期限不得少于 5 个工作日。

(本款由 2018 年 12 月 27 日第 514 号联邦法修订)

2. 不迟于债券持有人可提出购买发行人所持债券要求的期限开始前 7 个

第三章　可发行有价证券

工作日，发行人应通知债券持有人的代表，并向发行人购买的债券持有人披露或提供本条第 3 项所规定的信息。如果关于发行债券的决定规定了上述期限的起始日期或确定程序，则本项规定不适用。

（本款由 2018 年 12 月 27 日第 514 号联邦法修订）

3. 披露或提供的关于购买债券的信息应当包含：

(1) 可识别发行人出售债券信息，包括发行登记号码的通知；

(2) 如果发行债券决定未规定购买债券义务时，发行人发行相应债券的数量；

(3) 债券的价格或其确认程序，债券购买支付的期限；

(4) 债券持有人提出购买发行人债券申请的程序和期限。

（本款由 2018 年 12 月 27 日第 514 号联邦法修订）

4. 如果已被申请认购的债券总量超过发行人持有的债券数量，则发行人应当向其持有人购买相应请求比例的债券。

（本款由 2018 年 12 月 27 日第 514 号联邦法修订）

5. 购买债券时以货币支付。

6. 不提供根据本条规定被发行人购买的债券权利。该债券不能被发行人提前清偿或者在规定清偿期之前清偿。

7. 发行人有权在不遵守本条规定的情况下，根据借贷或托管合同，或依据发行人在其质押的债券购买对其配售的债券。

（本款由 2018 年 12 月 27 日第 514 号联邦法修订）

第 17.3 条　请求发行人提前清偿或购买债券的特性

（本条由 2018 年 12 月 27 日第 514 号联邦法修订）

1. 在登记簿上登记的持有人要求提前清偿或购买发行人拥有的债券，或撤回该种要求，应向登记员提交由债券持有人或其授权代表签署的书面文件，或在登记员负责使用登记簿规则规定的情况下，也可通过发送具有合格电子签名的电子文件来提交。这些条例还可以规定，该电子文件可以通过简单或不合格电子签名来签署。在这种情况下，用简单或不合格的电子签名签署的电子文件被认为等同于用手写签名的纸质文件。

提前清偿或购买债券的要求中必须包含能够识别请求人和请求清偿或购

买债券数量的信息。该请求应被视为在登记员收到请求之日向发行人提出。

自登记员收到向发行人提出的提前清偿或购买债券的要求之日起，直到在登记簿上登记该提前清偿或购买之日为止，或直到该要求被撤回之日为止，债券持有人无权处分被主张的提前清偿或购买的债券，包括以其他方式进行抵押或设押，则登记员应在无上述主体指令的情况下，在其账户上登记该项限制情况。

2. 债券持有人的债券权利应由集中托管机构对其债券权利进行登记，或者名义持有人应向发行人提出提前清偿或购买债券的要求，或者通过向其债券权利登记人发出适当指示来撤回该要求。在该情况下，应根据本联邦法第8.9条发出指示，指示中应包含持有人要求提前清偿或购买、或拒绝提前清偿或购买债券的数量信息。

集中登记债券权利的托管机构或债券的名义持有人，自其收到向发行人提出提前清偿或购买债券的指示（指令）之日起，到托管机构或名义持有人在提前清偿或购买的相关账户中进行记录之日止，或直到收到持有人撤回其要求的信息之日止，持有人不得处置为提前清偿或购买而主张的债券，包括以其他方式进行抵押或质押，此时，上述托管机构和名义持有人应在未持有人委托的情况下，在其债券权利登记账户中记录该项限制。

3. 按本条第2款规定向发行人提出的提前清偿或购买债券的请求，应视为在收到之日向发行人提出：

（1）登记员自在册登记人名义持有人获取包含债券持有人意思表示的通知；

（2）债券权利进行集中登记的托管机构，自作为该债券持有人的委托人处获得关于提前清偿或者购买的指示（指令），自债券名义持有人委托人处获得包含债券所有者意思表示的通知。

4. 撤销本条第1款和第2款所规定的限制记录，应在未获得账户被限制人指令的情况下进行，条件包括：

（1）与提前清偿或购买债券有关的记录同时进行；

（2）在收到登记在册的债券持有人或作为债券权利集中登记托管机构委托人的债券持有人的撤回其提前清偿或获得债券请求之日；

(3)在名义持有人收到集中登记债券权利的登记员或托管机构已收到债券持有人(其对该债券权利已由名义持有人登记)的撤回其提前清偿或购买要求之日。

5. 当发行人应债券持有人的要求进行提前清偿或购买债券时,与提前清偿或购买有关记录应由登记员或对债券权利集中登记的托管机构进行登记。在未有债券持有人和债券名义持有人委托(指令)的情况下,根据确认履行提前清偿或购买债券义务的文件,以及提前清偿或购买债券请求进行登记。

按本款规定的程序将可清偿或购买的债券从债券名义持有人的个人账户(托管账户)上注销,可作为名义持有人在未经委托人委托的情况下,将可清偿或购买债券权利在委托人托管账户上注销的依据。

6. 如果发行获准进入交易所交易债券的决定或购买包含发行人披露信息债券的程序被确定,则向发行者购买债券的请求申请可以根据交易组织者规则规定的程序提出。

第18条自2020年1月1日起失效。2018年12月27日第514号联邦法。

二、有价证券的发行

第19条　发行程序

(本条由2012年12月29日第282号联邦法修订)

1. 除非本法另有规定,发行有价证券的程序包括以下阶段:

(1)做出可发行有价证券的配售决定或作为发行证券配售依据的其他决定;

(2)在本联邦法规定的情形下,批准可发行有价证券发行的决议;

(本项由2018年12月27日第514号联邦法修订)

(3)对发行(增发)可发行有价证券进行登记;

(4)配售有价证券;

(5)对可发行有价证券发行(增发)结果的报告进行国家登记或提供可发行有价证券发行(增发)结果通知。

2. 自 2020 年 1 月 1 日起失效。2018 年 12 月 27 日第 514 号联邦法。

3. 在建立作为信贷机构的股份公司时，发行股票的具体程序特性由俄罗斯银行根据俄罗斯联邦关于银行和银行活动的立法规定。

（本款由 2018 年 12 月 27 日第 514 号联邦法修订）

4. 发行国家和市政证券的程序及其配售条件由联邦法律或根据联邦法律所规定的程序进行调整。

5. 证券发行程序可以与证券招股说明书登记同时进行，但在本联邦法规定的情况下，发行证券程序必须与证券招股说明书登记同时进行。如果证券发行程序未同证券招股说明书登记同时进行，则可随后进行编制和登记。

（本款由 2018 年 12 月 27 日第 514 号联邦法修订）

6. 股份公司购买公开股份情况的招股说明书的登记文件，应当在被录入法人统一国家登记簿之前提交给俄罗斯银行，注明公司名称信息和公开信息。

在法人实体进入的统一国家注册簿之前，俄罗斯银行根据本款规定信息做出登记该证券招股说明书的决定。

第 20 条 可发行有价证券的发行（增发）登记

（本条由 2018 年 12 月 27 日第 514 号联邦法修订）

1. 可发行有价证券的发行（增发）由俄罗斯银行进行登记，在本联邦法规定的情况下，可由登记机构、证券交易所或集中托管机构（以下简称登记机构）进行登记。俄罗斯银行对有价证券发行（增发）的登记被称为国家登记。如果发行人与登记机构签署合同，可发行有价证券发行（增发）的登记则由登记机构进行。

2. 为登记发行（增发）有价证券，应向俄罗斯银行或登记机构提交文件，确认发行人符合俄罗斯联邦关于做出证券配售决定的程序和条件的立法要求以及其他要求。如果发行（增发）有价证券的登记同证券招股说明书的起草和登记同时进行，则同样必须遵守上述规定。此类文件的清单由俄罗斯银行条例确定。交易所用以规范有价证券发行（增发）登记和证券招股说明书登记活动的内部文件（规则）可以规定为登记发行（增发）有价证券而提交的补充文件。

发行（增发）有价证券的登记文件可以通过俄罗斯银行官方网站和登记机构在互联网上，分别以电子形式（电子文件形式）提交给俄罗斯银行或登记机构,包括允许提交上述文件的人进入用户系统。

3. 应发行人的要求,俄罗斯银行将对发行(增发)有价证券的国家登记所需文件进行初步审查。该文件可以提交给发行人的授权机构进行审批。根据对上述文件的初步审查结果,俄罗斯银行应在收到文件后的 20 个工作日内决定其是否符合俄罗斯联邦法律要求。

4. 在股份公司获得公共地位后,通过公开认购配售股票发行(增发)登记应在将公司名称信息录入国家统一法人登记簿之前提交给俄罗斯银行,其中包含公司为公众公司的说明。一旦本款规定的信息被录入国家统一法人登记簿,俄罗斯银行应立即做出对此类股票发行(增发)进行国家登记决定,并从录入之日起生效。

5. 俄罗斯银行应在以下期间进行有价证券发行(增发)的国家登记,或通过拒绝国家登记的合理决定:

(1)在 15 个工作日内,或者如果发行(增发)有价证券的国家登记同证券招股说明书的编制和登记同时进行,则在收到提交的国家登记文件之日起 20 个工作日内做出决定;

(2)在收到按照本条第 3 款规定进行初步审查后提交国家登记文件后的 10 个工作日内,如果俄罗斯银行就该文件是否符合俄罗斯联邦法律做出决定,或者发行人已经消除了俄罗斯银行在对其提交文件进行初步审查后发现的不符合俄罗斯联邦法律要求的问题。

6. 如果为发行(增发)有价证券的国家登记所提交的文件不符合俄罗斯联邦证券法的要求,则俄罗斯银行有权向发行人发出通知,要求其消除此种不符合性。

俄罗斯银行有权核查为发行(增发)有价证券的国家登记而提交文件中所包含信息的真实性。

在本款所规定的情形下,本条第 5 款规定的期限可中止,但不得超过 20 个工作日。

7. 在登记发行(增发)有价证券时,应分配登记号。在登记每次年度增发的有价证券时,其发行程序规定了增发证券结果报告的登记,并应分配单独的登记号,包括分配给上述证券发行的登记号和增发的个人代码。个人代码应在国家登记增发有价证券结果报告之日起三个月后注销。

为有价证券的发行(增发)分配注册号的程序,以及注销注册号和个人代码的程序应由俄罗斯银行规定。

8. 如果发行人遭受到外国、外国国家联合体或国际组织的限制性措施,禁止与该发行人的证券进行交易或限制其业务,则可在国家登记增发有价证券结果报告的三个月后,向俄罗斯银行申请保留增发有价证券的个人代码。该申请应在提交追加发行有价证券结果报告的国家登记文件的同时,提交给俄罗斯银行。在这种情况下,应根据发行人在该种限制性措施终止后提出的注销申请,注销该个人代码。

9. 俄罗斯银行和注册机构只对为注册发行(增发)有价证券而提交文件的信息完整性负责。

10. 发行(增发)有价证券的国家登记由俄罗斯银行根据发行人的申请或在本联邦法规定的情况下由其他人进行。此类申请的形式(格式)和发行人申请保留增发有价证券的个人代码由俄罗斯银行的规范性法律文件规定。

第20.1条 登记机构登记发行(增发)可发行有价证券的特性

(本条由2018年12月27日第514号联邦法修订)

1. 登记机构可以就股份公司设立时应当配售的发行股票,以及非上市股份公司发行(增发)的通过投资平台封闭认购的股票进行登记。

(本款由2019年8月2日第259号联邦法修订)

本款规定不应适用于信贷机构以及非信贷金融组织。其根据联邦法律进行的国家登记必须由俄罗斯银行决定。

2. 债券发行(增发)的登记可由交易所(如果债券是以公开认购方式配售并被该交易所允许进行交易所交易的,以及在本条第4款和第4.1款规定的情况下)或集中托管机构进行,但必须满足以下条件:

(1)除了收取债券的票面价值以及就债券提供担保所产生的规定权利和利息外,债券不赋予其持有人任何其他权利;

(2)债券权利的集中登记由集中托管机构进行;

(3)债券的票面价值和规定利息只能以现金支付。

3. 发行(增发)的由集中托管机构登记的债券称为商业债券,而发行(增发)由证券交易所登记的债券称为交易所交易债券。

4. 只有根据 2003 年 11 月 11 日第 152 号联邦法《抵押有价证券法》所规定的抵押贷款支持债券才能成为交易所的抵押贷款支持债券。交易所可以登记所有由单一抵押品担保的债券,包括通过封闭式认购配售的债券,如果上述债券中至少有一个是通过公开认购配售并被交易所允许交易。

交易所可以登记为职业投资人发行的债券,如果这些债券被交易所允许进行交易所交易,但信贷机构的次级债券和本联邦法第 27.11 和 27.57 条规定的债券除外。

(本项由 2021 年 6 月 11 日第 192 号联邦法修订)

5. 证券集中托管机构或交易所可以对商业债券或交易所交易的债券和(或)其发行人提出额外要求。

6. 除本联邦法第 22 条第 1 款规定的情况外,交易所交易债券的发行(增发)登记应同发行人起草该债券的招股说明书一并在交易所登记。

7. 只有在本联邦法第 22 条第 1 款第 1、3~6 项规定的至少一个条件下,才可以通过公开认购的方式发行商业债券。

商业债券在流转过程中可以被允许进行交易所交易,但必须符合本联邦法第 27.6 条第 2 款规定的条件。

8. 证券交易所可以在遵守本联邦法第 27.5-3 条第 5.1 款规定的条件下,对俄罗斯存托凭证发行进行登记。

9. 登记机构对有价证券发行(增发)的登记和交易所根据本条规定对证券招股说明书的登记,应根据发行人与有关登记机构签订的协议进行。

10. 登记股份公司成立时发行股份的协议只能与公司决定所批准的登记机构签订,而登记通过投资平台进行封闭式认购的非公开股份公司发行股份的协议只能与负责管理登记簿的登记机构签订。登记股份公司成立时应当配售的发行(增发)股份的协议,应由股份公司的所有创始人,或者公司设立合同和公司设立决定中规定的创始人代表人签订。股份公司的所有创始人对股份公司在国家注册前上述协议所产生的义务承担连带责任。股份公司国家登记后上述股份公司成为该合同当事人。

如果股票发行登记协议中有此规定,担任登记股份公司发行股票的登记机构独任执行机关(行使职能的人),可以在未获得授权书的情况下,成为股份公司法人国家登记的申请人。

11. 登记机构必须按照俄罗斯银行规范性法律文件中规定程序通知俄罗斯银行下列事项。

(1)登记或拒绝发行(增发)有价证券登记;

(2)发行(增发)有价证券的数量;

(3)中止和恢复证券的发行,以及根据登记机构的决定宣布有价证券的发行(增发)无效。

12. 如果登记机构拒绝登记有价证券的发行(增发),发行人有权向俄罗斯银行申请对该有价证券的发行(增发)进行国家登记。本款规定不应适用于根据交易所或商业债券计划发行的债券(增发)。

13. 登记机构有义务保存与有价证券发行(增发)登记有关的文件。前述文件的清单,以及保存此类文件的条件和程序应由俄罗斯银行规范性法律文件规定。

14. 如果登记机构的经营许可被撤销,则与登记机构签订的发行股份和(或)增发股份的登记合同应在该许可撤销时终止。

(本款由 2019 年 8 月 2 日第 259 号联邦法修订)

15. 如果登记机构未能遵守本联邦法规定的关于有价证券发行(增发)和证券说明书登记的要求,俄罗斯银行可以禁止该登记机构登记有价证券的发行(增发)和证券招股说明书,时间最长为 1 年。

第 21 条 拒绝可发行有价证券的发行(增发)登记

(本条由 2018 年 12 月 27 日第 514 号联邦法修订)

1. 俄罗斯银行或登记机构决定拒绝发行(增发)可发行有价证券或登记证券招股说明书登记的理由如下。

(1)发行人违反俄罗斯联邦关于证券立法的要求,包括提交文件的信息中,所述发行有价证券的情况与有价证券的流转不符合俄罗斯联邦立法的规定,以及证券发行条款不符合俄罗斯联邦证券立法;

(2)提交给国家登记发行有价证券或登记证券招股说明书的国家登记文件与其中所含信息的内容不符合本法和俄罗斯银行法规的要求;

(3)未能在俄罗斯银行要求后的 30 日内提交发行国家登记发行(增发)有价证券或证券招股说明书登记所需的所有文件;

(4)证券市场上的财务顾问在签署证券招股说明书时不符合要求;

(5)证券招股说明书或者发行证券的决定(其他文件是国家登记发行(增发)的依据)是虚假信息或与现实不符的信息(不可靠信息);

(6)联邦法律规定的其他理由。

2. 交易所决定拒绝登记发行(增发)有价证券和登记证券招股说明书的理由,与本条第 1 款第 1 项规定的理由相同,也可以是交易所规范发行(增发)有价证券和登记证券招股说明书活动的内部文件(规则)中规定的理由。交易所也可以无理由拒绝登记发行(增发)的有价证券以及登记证券招股说明书。如果拒绝登记发行(增发)有价证券或登记证券招股说明书而不给出理由,则不应支付交易所审查提交的登记文件的服务费。

3. 就拒绝对有价证券和证券招股说明书的发行(增发)进行国家登记的决定可以向仲裁法院申请仲裁。

第 22 条 证券招股说明书

(本条由 2012 年 12 月 29 日第 282 号联邦法修订)

1. 通过认购途径配售有价证券发行(增发)的登记必须附有证券招股说明书登记,除非满足以下至少一个条件:

(1)根据有价证券的配售条件,其仅由职业投资人向优先有权购买所配售股份和(或)可转换为股票的有价证券的人提供;

(2)根据配售股份和(或)可转换为股票的有价证券的条件,有价证券只提供给特定日期曾经是或现在是发行人公司股东的人;

(3)根据有价证券的配售条款,证券被发售给预先确定的人群,其人数不超过 150 人,不包括职业投资人和有优先购买权的人员;

(4)发行人在一个日历年内通过配售一次或多次发行的证券(增发)筹集的资金数额不超过 10 亿卢布;

(5)作为信贷机构的发行人在一年内通过发行一个或多个债券(增发)所吸引的资金量不超过 40 亿卢布;

(6)根据证券的配售条款,每个潜在购买者支付的金额(行使有关证券优先购买权的人除外)不得少于一百四十万卢布；

(本款由 2020 年 7 月 31 日第 306 号联邦法修订)

(7)债券是在债券计划内发行的，并且就债券计划登记的债券招股说明书的登记日期未超过一年。

(本项由 2020 年 7 月 31 日第 306 号联邦法修订)

2. 在俄罗斯银行规范性法律文件规定的情况下，发行人可以提交关于编写证券招股说明书的通知。俄罗斯银行或证券交易所收到该通知后，会产生与证券招股说明书注册相同的法律后果。

(本款由 2018 年 12 月 27 日第 514 号联邦法修订)

3. 除本联邦法另有规定外，证券招股说明书内容包括：

(1)简介(证券招股说明书摘要)，其中包括简要介绍有价证券发行总体状况的信息，发行证券及购买该证券的主要风险，而在配售股票和可转换股票有价证券的情形下，还需要提供配售主要条件信息；

(2)发行及其财务经营活动信息；

(3)发行会计(财务)报表和其他财务信息，包括：

上一个完成报告期中发行人最近三个完整会计年度的年度会计(财务)报告或每个完整会计年度的年度会计(财务)报告(若发行人开展业务不足三年)，并附上述报告的审计意见书。

发行人必须是属于该集团组织的控制人员，以其他依据和联邦法律规定程序编制的集团企业合并财务报表(以下简称发行人的合并财务报表)，以及对于最近 3 个完成的报告年度或每个完成的报告年度(如果发行人有义务将这些报表编制的时间少于三年)与这些报表应用相关的审计报告；

如果发行人与其他实体未按照国际财务报告准则建立集团，发行人的中期合并财务报表，则为发行人最近完成报告期的中期财务报表。如果该报表已经过审计或按审计准则规定的核查，则由 6 个月的审计报告或因核查相关报表而制定的任何其他文件组成。本款规则不适用于专业公司和抵押贷款代理人以及中小型企业，条件是向中小型企业发售证券未列入开盘清单；

(4)关于提供发行人债券担保的人员信息，以及抵押品条款；

(5)股票和可转换为股票的证券的配售条件；

第三章 可发行有价证券

(6)本联邦法或其他法律规定的其他信息。

(本款由 2018 年 12 月 27 日第 514 号联邦法修订)

4. 招股说明书中的信息必须反映所有可能对购买有价证券的决定产生重大影响的情况。发行人对此类信息的完整性和准确性负责。简介(证券招股说明书摘要)必须以非职业投资人可以理解的语言进行编制。

(本款由 2018 年 12 月 27 日第 514 号联邦法修订)

5. 招股说明书可就一期或多期证券(增发)进行登记,如果有价证券为债券,则可就一期或多期债券进行登记。

(本款由 2018 年 12 月 27 日第 514 号联邦法修订)

6. 证券招股说明书的形式(格式)及其内容要求应由俄罗斯银行根据证券的种类、类别(类型)、发行人在该日历年内发行的证券数量(增发)来确定。发行人核心业务活动的类型,既取决于发行人是否为小型或中型商业实体,也取决于发行人是否依本联邦法第 30 条第 4 款披露信息。

(本款由 2018 年 12 月 27 日第 514 号联邦法修订)

7. 如果发行人被要求按照本联邦法第 30 条第 4 款的规定披露信息,则其有权可以在招股说明书中说明所应披露的信息,以取代招股说明书中应包含的信息。

(本款由 2018 年 12 月 27 日第 514 号联邦法修订)

8. 载有本条第 3 款中第 1~3 项规定信息的文件(以下简称证券招股说明书的主要部分)可以与载有应在证券招股说明书中规定的其他信息的文件(以下简称证券招股说明书的补充部分)分开登记。在这种情况下,简介(证券招股说明书摘要)可能不包含关于拟配售证券以及此种配售基本条件的信息。

证券招股说明书补充部分的登记允许与有价证券的发行(增发)的登记同时进行,最迟不超过证券招股说明书主要部分登记日期 1 年内。同时,招股说明书可以由一个主要部分和几个附加部分组成。

如果在证券招股说明书的主要部分登记后,发行人制定了相应报告期的会计(财务)报表,并且(或)出现了可能对购买相应证券的决定产生重大影响的情况,以及如果在简介(证券招股说明书摘要)中未有关于须配售的证券和其配售基本条件的信息,则在登记证券招股说明书的补充部分的同时,必须登记证券招股说明书的主要部分的变更。

（本款由 2018 年 12 月 27 日第 514 号联邦法修订）

9. 招股说明书的主要部分和补充部分的批准和签署应符合为批准和签署招股说明书所规定的要求。

（本款由 2018 年 12 月 27 日第 514 号联邦法修订）

10. 俄罗斯银行对证券招股说明书的登记，其主要部分应在本联邦法规定的国家登记发行（增发）有价证券的时间范围内进行，同时还须准备和登记证券招股说明书。

俄罗斯银行对证券招股说明书附加部分的登记应在本联邦法规定的发行（增发）有价证券的国家登记时限内进行，该发行不伴随证券招股说明书的准备和登记。

（本款由 2018 年 12 月 27 日第 514 号联邦法修订）

11. 拒绝登记证券招股说明书，其主要部分或附加部分的理由应是本联邦法中规定的拒绝登记发行（增发）有价证券的理由。

（本款由 2018 年 12 月 27 日第 514 号联邦法修订）

12. 已登记招股说明书的证券可在注册之日起一年内配售。在上述期限届满时，允许配售证券，但必须登记新的证券招股说明书。

（本款由 2018 年 12 月 27 日第 514 号联邦法修订）

第 22.1 条　批准和签署证券招股说明书

（本条由 2010 年 10 月 4 日第 264 号联邦法修订）

1. 经营性公司证券招股说明书由董事会（监事会）或由具有董事会（监事会）职能的机构批准。除非联邦法律另有规定，否则其他组织和法律形式的法人实体证券招股说明书由行使发行人执行机构职能的人员批准。

股份公司获得公众地位的招股说明书应在股东大会决定修改公司章程以表明公司为上市股份公司后，由公司的董事会（监事会）批准。在这种情况下，公司的名称应在招股说明书中注明，同时考虑到为反映公司的公众地位而对招股说明书进行的任何修正。

（本款由 2015 年 6 月 29 日第 210 号联邦法修订）

2. 证券招股说明书载明发行人作为独任执行机关（行使职能的人员），由其总会计师确认证券招股说明书中所有信息的真实性和完整性。证券招股说明书可根据发行人申请由证券市场的财务顾问签字,从而确认证券招股说明书中所有信息的真实性和完整性,但审计师和(或)评估师确认的部分除外。证券市场的财务顾问不是发行人的关联人。

(本款由 2018 年 12 月 27 日第 514 号联邦法修订)

本款失效。2005 年 3 月 7 日第 16 号联邦法。

在发行具有担保的债券的情况下,提供担保的人必须记入证券招股说明书,从而确认抵押品信息的真实性。

3. 签署和批准证券招股说明书(表决批准招股说明书)的人员、审计发行人和财务报表人员组成的审计组织,以及违法性债券提供担保的人员(包括作为证券招股说明书一部分披露的合并财务报表)对投资者以及证券持有人因招股说明书上的资料确认不准确,不完整及(或)误导性资料而产生的损失承担连带及附属责任。

(本款由 2018 年 12 月 27 日第 514 号联邦法修订)

根据本条规定的理由,损失赔偿的时效期自证券开始发售之日起算,以及在证券招股说明书登记时,自证券招股说明书所载信息披露之日起。

(本款由 2010 年 10 月 4 日第 264 号联邦法修订)

第 23 条　可发行有价证券的发行(增发)信息

(本条由 2012 年 12 月 29 日第 282 号联邦法修订)

1. 如果有价证券是通过公开认购进行的,或者发行有价证券的程序伴随着证券招股说明书的登记,则发行人必须根据本联邦法第 30 条披露有关证券的发行(增发)的信息。

2. 在登记证券招股说明书的情况下,发行人或被授权人所披露的有关拟发售证券的信息,包括此类证券的广告,必须与证券招股说明书一致。

(本款由 2020 年 7 月 31 日第 306 号联邦法修订)

第 24 条　可发行有价证券的配售条件

1. 有价证券应按照发行人的有价证券配售条款进行配售。其配售条款应包含:

(1)所配售有价证券的数量;

(2)有价证券配售期限或其确定程序;

(3)配售有价证券时对其的购入程序;

(4)俄罗斯银行规范性法律文件规定的其他信息,取决于要配售的证券种类、类别(类型)和配售的方法。

2. 在本联邦法或俄罗斯银行规范性法律文件规定的情况下,有价证券的配售条件必须包含在证券招股说明书中。如果没有招股说明书或招股说明书不包含证券配售的条件,则前述条件应包含在一份单独的文件中,由担任发行人独任执行机关职务(行使职能)的人或发行人的授权人签署。俄罗斯银行规范性法律文件可以规定发行人确定配售有价证券条件的文件形式(格式)以及对其内容的要求。

股份公司成立时,其配售股份的条款和条件应根据公司章程或唯一创始人成立股份公司的决定来确定。无须起草单独的文件。

3. 列明配售股票和可转换为股票的权益证券的条款和条件的文件,应根据联邦法律规定的批准发行股票和可转换为股票的权益证券的决定规则予以批准。

4. 如果发行(增发)股票和可转换为股票的权益证券的国家登记没有附有发行人制定和在俄罗斯银行注册此类证券的招股说明书,则应将包含股票和可转换为股票的权益证券的配售条款的文件作为此类证券发行(增发)国家登记文件的一部分提交。上述证券(增发)应作为上述证券发行(增发)的国家登记文件的一部分进行登记。

5. 发行人只有在登记发行(增发)后才有权开始配售有价证券。

6. 在通过认购配售股票证券的情况下,该期限从有价证券发行(增发)的国家登记之日起不得超过一年。发行人有权通过对有价证券的发行(增发)决定进行适当修订来延长上述期限。这些变更应按照联邦法第24.1条的规定进行。同时,每次延长有价证券配售期限不得超过一年,如果延长期限,配售有价证券的总期限应自其发行国家登记之日起三年以上。

7. 发行人应在配售条款中规定的期限内完成有价证券的配售。

除非本联邦法另有规定,以认购方式配售股票和可转换为股票的可发行证券的期限,自其发行(增发)登记之日起不得超过一年。发行人可通过对配售此类证券的条件进行适当修改来延长上述期限。有价证券配售期的每次延长不得超过一年，考虑到其延长的有价证券配售期，从其发行(增发)登记之日起不得超过三年。

(本款由 2021 年 7 月 2 日第 354 号联邦法修订)

8. 配售的有价证券数量不得超过配售条款中规定的数量。

所配售的有价证券实际数量应在其发行(增发)结果的报告或通知中说明。

9. 除联邦法和俄罗斯联邦其他规范性法律文件规定的情况外，所有潜在购买者通过认购配售的有价证券的条件必须相同。非上市股份公司股份和可转换为股票的有价证券不得公开配售(以公开认购的方式进行配售)。

10. 通过认购发行的证券必须在全额支付的情况下进行。

11. 当证券通过经纪服务进行认购时，可以将股票证券存入该经纪人的账户，以便随后向已签订购买此类有价证券合同的人进行配售，但须至少支付配售价格的 25％。上述账户由经纪人在托管机构开立，其目的不包括登记有价证券权利。

本条款规定的存入经纪人账户的有价证券，须交给签订收购合同的人员，期限不得超过 14 个工作日。

第 24.1 条　对可发行有价证券的决定、证券招股说明书和(或)包含有价证券配售条件的文件的修改

(本条由 2018 年 12 月 27 日第 514 号联邦法修订)

1. 在本法或其他联邦证券法规定的情况下，发行人有权对股票证券的发行(增发)和(或)证券招股说明书中的决定进行修改。

2. 有价证券权利量的变化和(或)证券面值的变化，包括在其合并(将两只或更多的证券转换为同一发行的单一证券)和拆分(将一只证券转换为同一发行的两只或更多的证券)时，应通过对证券发行决定做出相应的修改进行。不对新发行的证券进行登记和配售。

本款规定不适用于俄罗斯联邦破产法规定情形下的股票面值变化。

3. 对发行可转换证券的决定进行修改，涉及其所附权利范围的变化，必须同时对发行可转换证券的决定进行类似的修改。

4. 对发行股票和可转换为股票的证券决定的修改，应通过发行人授权机构的决定进行，该决定应当是根据 1995 年 12 月 26 日第 208 号联邦法《股份公司法》，构成改变证券权利(或)证券面值的理由，包括证券的合并或拆分。

对证券招股说明书和(或)载有可转换为股票的证券的配售条款的文件的修改，应通过有权批准相关文件的发行人授权机构的决定进行，而根据发行人独任执行机关(行使职能的人员)或被授权签署上述文件的发行人授权职权人员的决定，对载有其他证券配售条款的文件进行修改。

如果任何此类修改影响到证券发行决定中规定的条款，则此类修改还需得到有权做出相关证券发行决定的发行人授权机构的批准。

5. 对可发行债券的决定进行修改(本联邦法规定的情况除外)，应按照本联邦法规定的程序获得债券持有人的同意。

6. 对可发行证券的决定、证券招股说明书(或)载有发行证券配售条件的登记文件所做的修改应予登记。登记此类变更所需的文件清单应由俄罗斯银行制定。规定了有价证券发行(增发)登记和有价证券招股说明书登记活动的内部文件(规则)中可以规定向交易所提交此类变更登记的补充文件。

7. 在本联邦法第 27.3.1 条和第 29.1 条规定的情况下，对发行债券决定中有关质押账户的银行信息或债券持有人代表的信息所做的修改，如果在俄罗斯银行或登记员收到相关通知之日起 7 个工作日内，在此期间没有做出拒绝登记的决定，则视为已登记。提交该通知的程序、其形式(格式)和对其内容的要求由俄罗斯银行规范性法律文件予以规定。

8. 如果根据本联邦法第 22 条，发行人已经提交了关于起草证券招股说明书的通知，在对证券招股说明书进行修改时，应提交关于此类修改的通知。俄罗斯银行或证券交易所收到此类通知应具有与登记证券招股说明书修正案相同的法律后果。上述通知的形式(格式)和对其内容的要求由俄罗斯银行规定。

9. 在俄罗斯银行对证券发行(增发)进行国家登记或对证券招股说明书进行登记的情况下，以及在通过改变股票面值和(或)优先股权利数额而对股票发行进行修改的情况下，本条规定的相应修改登记应由俄罗斯银行进行。

如果证券的发行(增发)由登记员登记，则除非本条另有规定，否则对发行此类证券的决定和(或)证券招股说明书所做修改的登记应由有关登记员进

第三章 可发行有价证券

行。登记员有义务按照俄罗斯银行条例规定的程序，在规定的期限内将所修改的登记或拒绝登记的情况通知俄罗斯银行，包括通知本条第 7 款和第 8 款所述的信息。

10. 如果登记员无法对本条第 1 款所述的文件进行变更登记，包括俄罗斯银行禁止登记员进行有价证券和有价证券招股说明书的发行（增发）登记，则本条规定的变更登记应由俄罗斯银行进行。

11. 对本条规定文件所做的变更登记，应按照本联邦法规定的有价证券发行（增发）的登记规则进行。

拒绝对本条所规定文件进行变更登记的理由应是本联邦法所规定的拒绝登记有价证券发行（增发）的理由。

12. 如果在有价证券配售开始前，证券招股说明书登记后，发行人制定了相关报告的会计（财务）报表、合并财务报表或发行人的财务报表，和（或）出现了可能对购买相关有价证券决定产生重大影响的新情况，则必须修改证券招股说明书以反映上述情况。此类修改不需要登记，其中所包含信息应在开始配售有价证券之前，以披露证券招股书中所包含信息的同样方式进行披露。

本联邦法第 30 条第 4 款如果发行人按照规定披露信息，则不适用本条款中关于修改证券招股说明书的规定。

13. 本条的规定应适用于与俄罗斯存托凭证的发行以及招股说明书有关决定的修订关系，但须符合本联邦法第 27.5.3 条规定的内容。

第 24.2 条 发行人拒绝发行可发行有价证券

（本条由 2012 年 12 月 29 日第 282 号联邦法修订）

1. 在有价证券的发行（增发）登记和配售后，发行人有权在向俄罗斯银行提交证明证券未配售，以及发行人拒绝配售的决定的文件后，拒绝配售此类证券，如果其发行（增发）由登记员登记，则该文件应向该登记员提交。此类文件清单由俄罗斯银行的规范性法律文件予以规定。

（本款由 2018 年 12 月 27 日第 514 号联邦法修订）

2. 拒绝配售有价证券的决定应由有权配售相关有价证券的发行人授权机构做出，在拒绝配售债券项目下所配售债券的情况下，决定由担任发行人独任执行机关职务（行使职能）的人员做出。

（本款由 2018 年 12 月 27 日第 514 号联邦法修订）

3. 在债券项目登记后，配售该项目下的债券之前，发行人有权在向俄罗斯银行提交证明债券项目下，未配售债券以及发行人拒绝在债券项目下，配售债券的决定的文件后，拒绝配售债券，如果债券项目由登记员进行登记，则应将文件提交至该登记机构。此类文件的清单由俄罗斯银行的规范性法律文件予以规定。

拒绝在债券项目下配售债券的决定由有权批准债券项目相关问题的发行人授权机构做出。

俄罗斯银行和登记员根据本联邦法规定的关于做出确认发行（增发）有价证券无效的决定的规则，做出确认债券项目无效的决定。

（本款由 2018 年 12 月 27 日第 514 号联邦法修订）

第 24.3 条　利用投资平台配售有价证券的特性

（本条由 2019 年 8 月 2 日第 259 号联邦法修订）

1. 根据本联邦法以及本条所规定的特性，有价证券可以在作为投资平台参与者的投资者中公开认购。

2. 利用投资平台配售有价证券，应在遵守联邦法律规定限制的情况下进行。

3. 签订利用投资平台配售有价证券的要约，必须同时向参与投资平台的投资者提供查阅关于此类证券发行的登记决定、关于购买此类证券的身份和优先权的信息以及行使该权利的程序。

4. 利用投资平台配售的有价证券的支付款项，应以现金形式存入在投资平台运营商处开设的名义账户。

第 25 条　关于有价证券发行（增发）结果的报告或通知

（本条由 2018 年 12 月 27 日第 514 号联邦法修订）

1. 在有价证券配售完成后的 30 天内，发行人应向俄罗斯银行提交关于有价证券发行（增发）结果的报告，以供国家登记。

在本条第 2 款规定的情形下，以及在其他俄罗斯银行规范性法律文件规定的情形下，或在符合本条第 3 款所规定条件的情形下，对发行人证券持有人登记簿进行登记的登记人，或对发行人有价证券权利进行集中登记的托管

第三章　可发行有价证券

机构,应在本款规定的期限内向俄罗斯银行提交发行(增发)有价证券的结果通知。但是,无须因国家登记而向俄罗斯银行提交发行(增发)有价证券的结果报告。

2. 有价证券发行结果的通知可在以下情形下提交:

(1)作为发行人的股份公司股票在其成立时被配售。本项规定不适用于其国家登记的决定由俄罗斯银行根据联邦法律作出的信贷机构和非信贷金融组织;

(2)债券或其他有价证券(除股票和可转换的有价证券外)被配售;

(3)有价证券通过将可转换的有价证券转换为其进行配售;

(4)作为非上市股份公司的发行人的股票和可转换为股票的有价证券通过投资平台的封闭式认购而配售;

(本项由2019年8月2日第259号联邦法修订)

(5)非上市股份公司发行人的股票由贷款人通过封闭式认购的方式配售,以履行可转换贷款协议。

(本项由2021年7月2日第354号联邦法修订)

3. 如果股票和可转换为股票的有价证券是通过公开认购配售的,则在满足以下条件的情况下,可以同时提交其发行(增发)结果的通知:

(1)证券在配售时,以现金和(或)被允许进行交易所交易的证券支付;

(2)有价证券允许进行交易所交易。

4. 关于发行(增发)有价证券的报告应由担任发行人独任执行机关职务(行使职能)的人员或发行人的授权人签署。关于有价证券发行(增发)结果的通知,应由担任登记人或托管机构独任执行机关职务(行使职能)的人员、登记人或托管机构的授权人签署。

签署报告的人员或签署有价证券发行(增发)结果通知的人员需确认其中全部信息的准确性和完整性,并与发行人、登记人或托管机构一同承担附加责任。提供通知的人员对因提供并确认包含不准确、不完整和(或)误导性的信息的上述文件,而给投资者和(或)有价证券持有人造成的损失负责。根据本款规定的理由偿还损失的时效期,应从国家登记发行(增发)有价证券的结果报告,或向俄罗斯银行提交发行(增发)有价证券的结果通知之日起开始计算。

5. 有价证券发行(增发)结果报告的国家登记,应由俄罗斯银行根据发行人的申请进行。

对有价证券发行(增发)结果报告进行国家登记,应提交文件确认发行人符合规定有价证券配售条件的俄罗斯联邦立法要求、签署其发行(增发)结果报告和信息披露的要求,以及在有价证券配售期间必须满足的其他要求。

6. 有价证券发行(增发)结果的通知和报告的形式(格式)及对其内容的要求、发行人申请国家登记的报告形式(格式)、对其内容的要求以及为其国家登记而提交的文件清单,由俄罗斯银行规范性法律文件规定。

7. 可以通过使用公布在俄罗斯银行官方网站上的信息资源,以电子形式(电子文件形式)向俄罗斯银行提交有价证券发行(增发)结果报告及其国家登记文件或有价证券发行(增发)结果通知,包括允许提交上述文件的人进入用户系统。

8. 俄罗斯银行应审查关于发行(增发)有价证券的报告,如果没有本条第11款规定的理由,应对其予以登记。俄罗斯银行对登记报告的完整性不负任何责任。

9. 俄罗斯银行有义务在收到提交的有价证券发行(增发)结果报告后的10个工作日内做出国家登记或拒绝国家登记的决定。

10. 如果为发行(增发)有价证券结果报告的国家登记所提交的文件不符合俄罗斯联邦的立法要求,俄罗斯银行有权通知发行人消除与俄罗斯联邦证券立法要求的不一致之处。

俄罗斯银行有权核查为发行(增发)有价证券进行国家登记而提交文件中所包含信息的真实性。

在本款规定的情形下,本条第9款所规定的期限可中止不超过20个工作日。

11. 俄罗斯银行决定拒绝对有价证券的发行(增发)结果报告进行国家登记的理由如下:

(1)发行人在发行证券期间违反了俄罗斯联邦的立法要求,且此种违反情形除了撤回发行(增发)的有价证券外,无法消除;

第三章 可发行有价证券

(2)在发行(增发)有价证券国家登记所依据的文件中,以及(或)为国家登记发行(增发)有价证券结果报告所提交的文件中,出现不准确或误导性的信息,导致投资者或有价证券持有人的权利和(或)合法利益受到严重侵犯;

(3)发行人未能遵守俄罗斯银行的要求,消除在发行证券期间违反俄罗斯法律的行为。

12. 在本联邦法规定的情形下,不得提交有价证券发行(增发)结果的报告或通知,以及进行有价证券发行(增发)结果报告的国家登记。

13. 在俄罗斯联邦破产法规定的情形下,股票发行(增发)结果的通知应由发行人提交至俄罗斯银行,并由以其名义行事的人员签字。

第 25.1 条　发行人的有价证券发行(增发)登记以及与证券发行相关的文件的确认。有价证券登记簿

(本条由 2018 年 12 月 27 日第 514 号联邦法修订)

1. 有价证券发行(增发)的登记,有价证券招股说明书、债券项目、包含有价证券配售条款的文件、有价证券发行(增发)的结果报告,以及对上述文件的修改,包括以电子形式提交的此类登记文件(电子文件形式),应通过俄罗斯银行规定的方法之一进行确认。

2. 如果发行证券的决定、证券招股说明书、包含配售条款的文件、债券项目、对这些文件所做的修订、关于证券发行(增发)结果的报告(通知),包括以电子形式(电子文件的形式)编制的上述文件,在内容上存在不一致,就交易所交易的债券而言,俄罗斯银行或登记员(如果俄罗斯银行未对相应的有价证券发行(增发)进行登记)持有的相关文件应优先于中央托管机构的相应文件。

3. 俄罗斯银行应按照既定程序保存包含有价证券发行(增发)的登记信息以及俄罗斯银行规范性法律文件中所规定信息的有价证券登记簿。如果债券持有人的代表被任命(选举),上述登记簿必须包含该代表的信息,或者,如果债券权利为集中登记,则应当包含实施该种集中登记托管机构的信息。本款的规定不适用于国家和市政证券以及俄罗斯银行的债券。

第 26 条　中止配售证券。确认有价证券的发行(增发)无效或失效。

(本条由 2012 年 12 月 29 日第 282 号联邦法修订)

1. 有价证券的发行可以在对有价证券的发行(增发)结果报告进行国家登记之前的任何发行程序阶段中止，或者如果发行程序未规定对其发行(增发)结果报告进行国家登记，则在出现下列情形后，开始配售股权证券之前中止有价证券的发行：

(1)发行人在证券发行过程中违反俄罗斯联邦证券立法；

(2)有价证券发行(增发)登记所依据的文件和(或)对有价证券发行(增发)结果报告进行国家登记时，所提交的文件中存在不准确或误导性信息。

(本款由 2018 年 12 月 27 日第 514 号联邦法修订)

2. 在有价证券发行中止的情况下，发行人有义务停止配售有价证券，并消除已查明的违规行为。

(本款由 2018 年 12 月 27 日第 514 号联邦法修订)

3. 如果发行证券的程序在发行证券之前未规定对其发行结果报告(增发)进行国家登记，在发行有价证券结果报告国家登记前，国家登记或授予识别号码后，发行的证券可能被宣布无效。

(本款由 2018 年 12 月 27 日第 514 号联邦法修订)

4. 确认有价证券发行(增发)失效的理由是：

(1)发行人在发行有价证券的过程中违反俄罗斯联邦立法的要求，且此种违法行为除非发行人停止有价证券的发售，否则无法消除；

(2)在对有价证券发行(增发)进行国家登记的依据性文件或在对有价证券发行(增发)的结果报告进行国家登记的依据性文件中存在错误或误导信息，导致严重侵害投资者或有价证券持有人权利和合法利益；

(本项由 2018 年 12 月 27 日第 514 号联邦法修订)

(3)发行人未在法律规定的配售期届满后，向俄罗斯银行提交证券发行(增发)结果报告；

(本项由 2013 年 7 月 23 日第 251 号联邦法修订)

(4)在联邦法律规定其进行国家登记时，俄罗斯银行拒绝国家登记发行有价证券结果的报告；

(本项由 2013 年 7 月 23 日第 251 号联邦法修订)

(5)未配售任何发行(增发)的有价证券；

(6)发行人未遵守俄罗斯银行或登记发行(增发)有价证券的登记员的要求,消除在发行证券过程中违反俄罗斯立法的行为。

(本项由 2013 年 7 月 23 日第 251 号联邦法、2018 年 12 月 27 日第 514 号联邦法修订)

5. 中止和恢复发行证券以及确认发行(增发)的有价证券失效,应根据俄罗斯银行的决定进行。如果有价证券的发行(增发)由登记员予以登记,则中止和恢复该证券的发行,以及确认该证券的发行(增发)无效,也可以根据相关登记员的决定进行。

中止和恢复发行有价证券的程序,以及确认发行(增发)有价证券失效的程序,应通过俄罗斯银行的规范性法律文件予以规定。

(本条由 2018 年 12 月 27 日第 514 号联邦法修订)

6. 在俄罗斯银行、登记发行(增发)有价证券的登记员或执行国家法人登记的机构提出诉讼申请时,以及在发行人的参与人(股东)或与本次发行(增发)的有价证券持有人相同种类、类别(类型)的持有人提起诉讼时,有价证券的发行(增发)可以根据法院的决定宣布失效。

(本条由 2013 年 7 月 23 日第 251 号联邦法、2018 年 12 月 27 日第 514 号联邦法修订)

7. 确认有价证券发行(增发)无效的理由是:

(1)发行人在发行有价证券的过程中违反俄罗斯联邦立法的要求,且此种违法行为除非发行人停止有价证券的发售,否则无法消除;

(2)在对有价证券发行(增发)进行国家登记的依据性文件或在对有价证券发行(增发)的结果报告进行国家登记的依据性文件中存在错误或误导信息,导致严重侵害投资者或有价证券持有人权利和合法利益。

(本条由 2018 年 12 月 27 日第 514 号联邦法修订)

8. 自有价证券发行(增发)经过国家登记之日起,对发行人、俄罗斯银行和(或)其他授权机构或由与证券发行有关组织所做出的决定无效的声明,只有在向法院提出要求,法院将相应的证券发行(增发)认定为无效的同时才有可能。

(本条由 2018 年 12 月 27 日第 514 号联邦法修订)

9. 认定发行(增发)有价证券、由发行人、俄罗斯银行和(或)登记员作出的与发行证券有关的决定为无效的时效，应视为自国家登记有价证券发行(增发)结果报告之时起三个月。若超过了本款规定的时效期限，则不应再恢复。然而，如果有价证券的发行程序未规定对其发行(增发)结果的报告进行国家登记，则可以向法院提出要求发行人披露关于开始配售该证券时信息的请求，如果此类信息不应披露，则应在有价证券配售前提出请求。

(本款由 2013 年 7 月 23 日第 251 号联邦法、2018 年 12 月 27 日第 514 号联邦法修订)

10. 配售证券过程中，可因俄罗斯银行、或登记机关、或执行法人实体国家登记的机构、或根据发行人的参与者(股东)、或与发行人相同类型、类别的有价证券持有人的诉讼确认其交易无效。宣布交易无效的时效期为自执行之日起六个月。如果错过了本条款规定的时效期限，则不应再恢复。

(本款由 2013 年 7 月 23 日第 251 号联邦法、2018 年 12 月 27 日第 514 号联邦法修订)

配售有价证券过程中的单独交易无效，不会导致证券(增发)发行认定为无效。

11. 发售证券无效或失效的确认，须取消其国家登记，停止配售证券，并向证券持有人返还资金、资产或其他发行人获得的用以支付的资产。

(本款由 2018 年 12 月 27 日第 514 号联邦法修订)

停止发售证券和返还证券持有人财务或其他资产的程序由俄罗斯银行的规范性法律文件予以规定。

(本款由 2013 年 7 月 23 日第 251 号联邦法修订)

与确认有价证券发行(增发)无效或失效有关的费用，以及将资金返还给其持有人的有关费用都记入发行人账户。

12. 有价证券持有人、因证券发行期间的违规行为以及因有价证券发行(增发)无效而遭受损失的其他人，有权按照俄罗斯联邦法律规定程序向发行人或第三方要求赔偿损失。

13. 如果违反证券的优先购买权和发行此证券期间发生的其他违规行为，导致其丧失了购买证券的机会，受损方有权要求发行人进行如下选择：

(1) 有关损失的赔偿，包括与第三方侵犯其相关证券收购的损失；

(2) 发行人授予其相应数量的有价证券，并按照贴现价格支付其价值。

第26.1条　股份公司成立时其股票的发行特性

(本条由2018年12月27日第514号联邦法修订)

1. 股份公司成立时其股票应根据公司的设立协议予以配售，如果是由一人成立的股份公司，则应根据唯一创始人关于成立股份公司的决定进行配售。

2. 对股份公司成立时发行的股票进行国家登记，应根据确定设立股份公司或解散股份公司协议的人的申请进行。

3. 股份公司设立时其应当配售股票的发行决定应经创始人大会(唯一创始人)批准，并由股份公司创始协议或公司的设立决定中所规定的人员签署。

4. 在股份公司设立时，其应当配售股票的发行登记文件应提交给俄罗斯银行或登记人，如果上述股票发行由登记人予以登记，则在成立股份公司的国家登记录入国家法人统一登记簿之前提交文件。

5. 股份公司成立时其应当配售股票的发行登记决定应在股份公司进行国家登记之前做出，并在其国家登记之日生效。如果在上述股票发行登记之日起一年内未进行股份公司的国家登记，则该发行登记的决定应被撤销。

6. 登记人在收到发起设立股份公司的国家登记文件后，开展与股份公司设立时股票配售相关的业务。

7. 发起设立的股份公司应在国家登记之日起5个工作日内通知登记人在国家统一法人登记簿进行国家登记。如果作为法人的股份公司的国家登记申请人是担任独任执行机关(行使职能)的人员，则不适用于本条规定。

第27条　信贷机构发行股票的特性

信贷机构在发行股票过程中的资金积累通过发行银行开设储蓄账户进行。储蓄账户的制度由俄罗斯银行规定。

(本款由2013年7月23日第251号联邦法修订)

第27.1条　发行人发行期权的特性

(本条由2002年12月28日第185号联邦法修订)

如果发行人的法定股份数量少于期权所赋予购入的股份数量，则发行人无权发行期权。

特定类别(类型)的股票数量(发行人期权所提供的购买权)不得超过发行人发售期权的国家登记文件提交日期所列的该类别(类型)股份的5%。

发行人期权发售的决定可能会限制其发行量。

只有在完全支付股份公司的法定资本后,才可能进行发行人期权的配售。

第27.1.1条 结构性债券发行和流转的特性

(本条由2018年4月18日第75号联邦法修订)

1. 发行人有权根据本联邦法第2条第1款第23项中规定的一种或多种情形的发生与否,配售规定其持有人获得债券付款权利的债券(以下简称结构性债券)。如果本条款规定的情况发生或未发生,仅取决于债券的收入额(发行价和(或)利率),则该种债券不属于结构性债券。结构性债券的应付金额可能低于债券的面值。

(本款由2018年12月27日第514号联邦法修订)

2. 只有根据其目标和对象有权发行结构性债券的信贷机构、经纪人、交易商和专门的金融协会可以成为结构性债券的发行人。同时,经纪人、交易商和专门的金融公司只能配售以货币债权和(或)其他财产作抵押的结构性债券。

3. 发行结构性债券的决定,除了本联邦法对债券规定的信息外,还应该包含以下内容。

(1)关于结构性债券支付或不支付情况的信息,其中应当表明确定该种情况的数值(参数、条件)或程序,或在其中表明该种数值(参数、条件)、或程序将由发行人的授权机构在开始配售结构性债券前确定;

(2)结构性债券的支付金额、或其确定程序、或表明该金额程序将由发行人的授权机构在配售结构性债券前确定。此外,还可规定,无论是否出现所规定的发行结构性债券时的情况,都不得就结构性债券进行支付。

4. 结构性债券的发行人,根据本条第3款的发行决定规定由发行人的授权机构确定数值(参数、条件)和(或)支付金额或数值的确定程序,必须在配售该债券之前向俄罗斯银行提交发行人授权机构关于发行结构性债券决定内容的通知。提交上述通知的程序和对其形式的要求应根据俄罗斯银行的规范性法律文件确定。

5. 结构性债券不可规定由发行人自愿提前清偿，除非出现结构性债券发行决定中规定的发行人无法控制的情况。

6. 除了符合俄罗斯银行规范性法律文件所规定的标准结构性债券外，结构性债券应当是由职业投资人持有的有价证券。

7. 结构性债券的发行，包括结构性债券项目的发行，由俄罗斯银行进行国家登记。

8. 结构性债券可以用现金和(或)其他资产支付。

9. 非职业投资人或个人独资企业的自然人，购买所提供的结构性债券，即职业投资人的有价证券，应有权在签署协议之日起10个工作日内单方面终止提供上述结构性债券的协议，并要求发行人退还为发行结构性债券而支付的款项。发行人有义务在收到终止通知之日起7个工作日内，将为结构性债券支付的款项返还给以本条款所述理由终止相应协议的自然人。

第27.1.2条 债券的发行特性

(本条由2018年12月27日第514号联邦法修订)

1. 债券配售决定中应包含：

(1) 债券的配售方式；

(2) 拟配售债券的面值总额；

(3) 拟配售债券的期限或确定该期限的程序；

(4) 强制执行有担保债券债务的方式；

(5) 表明发行人可自愿提前清偿债券。

2. 发行不可转换为股票的债券的决定中可以规定该债券项目中可配售债券的期数。

3. 债券项目中必须包含本条第1款第2~5项规定的在债券项目中配售多期债券的条件，以及债券项目的期限(在债券项目中可配售债券的期限)，或表明对该期限不设限制。在债券项目中配售的同一期债券的到期日不得超过债券项目中规定的期限。在债券项目中发行的所有债券的面值总额不能超过债券项目中规定的金额。俄罗斯银行可以对债券项目提出额外要求，包括其形式和内容。

4. 债券配售决定和债券项目，连同本条第1款和第3款分别规定的信息，可以包含债券配售的条款和(或)其他信息。

5. 债券配售的决定，包括债券计划下多期债券的配售决定(批准债券项目的决定)，由有权根据其章程和规范其活动和法律地位的联邦法作出决定发行人的授权机构做出。

债券项目应由担任发行人独任执行机关(行使职能)的人员和(或)发行人的授权机构签署。

6. 债券项目应根据本联邦法规定的债券发行登记规则进行登记。债券项目一经登记，即应被分配登记号。为债券项目分配和取消登记号的程序应由俄罗斯银行制定。

对债券项目所做的修改应根据本联邦法规定的对发行债券决定所做修改的登记规则进行登记。对债券项目的修改应通过有权批准该项目的发行人授权机构决定进行，债券项目在登记后生效。

7. 俄罗斯银行有义务在10个工作日内对拟在债券项目下发行(增发)的债券进行国家登记，或在10个工作日内做出拒绝进行国家登记的合理决定，如果国家登记伴随着债券招股说明书的编制和登记，则应在收到为发行(增发)债券国家登记而提交文件之日起20个工作日内进行国家登记。

8. 拟在债券项目下发行债券的招股说明书可与债券项目同时登记。在这种情况下，招股说明书中可以不包含债券的配售条款。

9. 包含除可转换债券之外的其他债券配售条款的文件不应进行登记。

10. 在债券项目下配售债券的条款中可以不规定配售债券的数量，而是注明其大概数量，以保证在配售债券期间，发行人可选择增加其数量。

第27.2条 担保债券的发行及流转特性

(本条由2002年12月28日第185号联邦法修订)

1. 担保债券是指通过质押、担保、独立担保、国家或市政担保来全部或部分保证其履行的债券(以下简称担保债券)。

(本款由2013年12月21日第379号联邦法、2018年12月27日第514号联邦法修订)

对于通过质押发行人或第三人的财产确保履行债券的义务，适用俄罗斯联邦民法典和其他联邦法律的规定，同时考虑到本联邦法确立的具体规定。

担保债权赋予持有人所有的权利。随着有担保债券的权利转让给新所有人(收购方)，这种抵押品产生的所有权利均被转移。在未转让债券权利的情况下，提供的抵押品所产生的权利转让无效。

2. 在发行抵押债券时，关于抵押品的条款和条件以及提供抵押品人的信息应包括在发行债券决定和债券招股说明书中。俄罗斯银行应规定上述信息的构成。

(本款由2018年12月27日第514号联邦法修订)

3. 如果债券由第三方担保，发行债券的决定和债券的招股说明书也必须由提供担保的人签署。

(本款由2018年12月27日第514号联邦法修订)

4. 如果债券担保由外国人提供，则俄罗斯联邦的法律规则适用于与债券担保有关的关系。所有因提供担保的人未能履行或履行不当而产生的争端，均由俄罗斯联邦法院管辖。

5. 如果在登记发行(增发)由第三方担保的债券的同时，未起草和登记这种债券的招股说明书，那么在发行人提供有关该方及其提供担保的条款和条件的信息之前，不得开始以认购方式配售这种债券。这些信息应在本联邦法和俄罗斯银行关于证券招股说明书的规定范围内，以规定的方式披露。包含上述信息的文件应按照本联邦法规定的签署有抵押物的债券说明书要求进行签署。签署本文件的人应根据本联邦法第22.1条第3款规定承担责任。

(本款由2018年12月27日第514号联邦法修订)

6. 在债券登记后为其提供担保，应通过修改发行债券决定和债券的招股说明书中有关该担保的条件和提供该担保的人员信息来进行。此类修改应根据本联邦法第24.1条规定的程序，无须经债券持有人同意而进行。如果在开始配售债券后进行上述变更登记，应视为从该登记之日起提供债券的担保，如果要提供担保是不动产质押(抵押)，应提交抵押物的国家登记。

(本款由2018年12月27日第514号联邦法修订)

第27.3条 抵押债券

1. 抵押担保债券的主体可能是无纸化证券、非移动化实物证券，不动产和货币债券，其中货币债券是来自现有或将来的要求发生的。俄罗斯银行的法定行为建立可以用债券质押的其他财产清单(包括债权)。

2. 为保证债券项下义务的履行而签订的质押协议,应被视为在第一持有人(收购人)获得该债券权利时已经签订,质押协议的书面形式应被视为已经得到遵守。

3. 如果通过房地产抵押履行债券的义务,在发行此类债券的国家登记完成后,由有权进行房地产登记的机构进行国家抵押登记。对于抵押的国家登记所取代的抵押协议及其副本,以及确认抵押担保义务产生的文件,由经俄罗斯银行登记的关于发行抵押担保的债券的决定及其副本提供。如果抵押权作为初始质权人的信息进行国家登记,则在不动产权利登记簿中的抵押登记记录必须包含债券发行的登记号和国家登记日期,以及表明质押持有人是本次发行债券的所有人,并应注明登记号。

抵押贷款记录根据出质人的申请付清,附有确认抵押终止的文件,在承认抵押担保的债券发行的情况下,附上确认俄罗斯银行认定的相应债券发行失败的文件。

在抵押登记之前,不得设置有抵押担保的债券。

如果联**邦**法律或当事人协议要求对抵押协议进行公证,此类债权**被**视为须经公证决定发行的抵押担保债券。

如果联邦法律要求抵押协议需国家登记,这种要求被视为发行抵押担保债券决定进行房地产权利国家登记机构的国家登记条件。

4. 关于发行抵押债券的决定可以规定更换此类债券抵押品的程序和条件。

(本款由 2018 年 12 月 27 日第 514 号联邦法修订)

5. 属于抵押权的财产,以及与出质人有关的出质人应付货币金额可用来履行不同种类的债券义务。

6. 如果履行债券所承担的义务以证券质押作抵押,在开始配售之前,此类债券出质人有义务通过该人登记该证券权利的质押确定有关证券的产权负担。

7. 在没有担保债券持有人代表的情况下,不允许在法外程序中取消抵押担保。

如果从出售抵押财产中获得的金额超过债券抵押品的金额,这些款项扣

第三章　可发行有价证券

除后的差额必须支付与该财产收回的相关成本，其出售金额应返还给出质人。

按照俄罗斯联邦立法规定，质押财产必须转至持有抵押品的债券持有人的普通股份所有权上。

第 27.3.1 条　货币债权担保债券的特性

（本条由 2013 年 12 月 21 日第 379 号联邦法修订）

1. 除非本法另有规定，以第三方的质押或其他权利为质押的货币债权不能作为担保债券质押的客体。

质押担保债券的客体可以是只属于该债券发行人的货币债权。

如果在发行债券决定中规定了该债权保证指示，作为发行人债券质押客体的货币债权不能成为另一项质押以保证其他债权（后续质押）的客体，同一发行人其他发行债券的持有人的债权以及根据发行人合同债权人的债权除外。

（本款由 2018 年 12 月 27 日第 514 号联邦法修订）

2. 如果债券的质押标的是货币债权或未来货币债权的集合，则应当告知由于质押货币债权产生的义务，以及在一般方式债券发行决定中规定的质押人的债务人信息，即通过可识别货币债权的数据确定对质押物追索时该债务的债务人。

（本款由 2018 年 12 月 27 日第 514 号联邦法修订）

3. 质押的货币债权或货币债权集合可以为一期或多期的债券提供担保。

4. 出质人收到债务人履行债务的价款，以及作为债权质押客体的货币债权，应当记入质押账户，其中相关银行资料在债券发行决定中加以说明。

（本款由 2018 年 12 月 27 日第 514 号联邦法修订）

如果通过质押担保来履行对不同期发行债券的债务，质押客体是出质人的货币债权、价款，则应当记入不同（单独）质押账户。

5. 除本条第 4 款规定的价款外，以下各项应记入质押账户。

(1) 出质人在请求追索作为债务质押客体的财产时所获得的货币价款，以及作为债券质押客体的货币债权；

(2) 出质人自向债务人提供债务担保的人处获得的货币价款，以及作为债券质押客体的货币债权。

6. 发行人有权使用记入质押账户的货币价款，以履行货币债权担保的债

115

券债务,并按照债券的发行条款规定付款。同时,发行担保债券的决定应包含此类付款的详尽清单并说明其最大数额。

(本款由 2018 年 12 月 27 日第 514 号联邦法修订)

7. 担保债券发行决定可以规定作为该发行债券发行人的出质人的权利,无须债券持有人同意以质押账户上的资金来获取货币债权,以及该决定中规定的可作为债券质押客体的类似货币债权。与此同时,发行人有权获取货币债权的标准,应当在该决定中进行规定。在这种情况下,发行人获取的货币债权,自其被转让发行人之刻起被视为担保债券持有人的质押。

(本款由 2018 年 12 月 27 日第 514 号联邦法修订)

8. 担保债券的发行人有义务对债券质押的货币债权进行登记,并记入货币质押账户或者委托开立质押账户的信贷机构进行登记。实施此类登记的程序要求由俄罗斯银行规范性法律文件进行规定。

9. 如果非贷款人组织,依据与债权质押担保债券发行人合同,履行了自债务人收取和转交资金的义务,和(或)根据上述规定货币债权(货币债权服务)行使了贷款人的其他权利,该组织有义务对由其提供服务的货币债权进行登记。该登记根据俄罗斯银行规范性法律文件的规定进行。

10. 质押账户的银行信息,包括对账户进行的任何修改,可以在该债券发行登记后,在发行债券抵押债券决定中记载。对债券持有人信贷机构开立质押账户信息进行修改,无须征得债券持有人同意。对发行货币担保债券决定中通知质押账户银行信息部分的修改,应通过向银行发送通知的方式实施。上述修改应按照本联邦法第 7 条第 24.1 款规定的程序进行登记。

(本款由 2018 年 12 月 27 日第 514 号联邦法修订)

第 27.4 条 担保人担保债券

(本条由 2009 年 12 月 27 日第 352 号联邦法修订)

1. 保证履行债券义务的担保协议,被视为自第一位持有人享有此类债券的权利之时起结束。在这种情况下,担保协议的书面形式应被视为已得到遵守。

2. 保证人为确保债券履行义务,根据担保协议有权采取以下措施:

(1)可以由净资产不低于所提供担保的数额(大小)的营利性组织担任;

(2)如果联邦法律允许,可以由国有企业或国有公司担任。2015 年 7 月 13 日第 225 号联邦法《关于住房领域的协作发展与管理效能提升以及俄罗斯联邦部分立法文件的修订》中规定的住房领域的单一发展机构;

(本项由 2017 年 11 月 25 日第 328 号联邦法修订)

(3)本联邦法第 51.1 条第 2 款第 3 项规定的国际金融组织。

3. 保证履行债券义务的担保协议应规定:

(1)担保人与发行人对发行人未履行或不履行这些义务的连带责任;

(2)担保的有效期限,但不得超过履行这些义务一年的期限。

第 27.5 条　独立担保、国家或市政担保的担保债券

(本条由 2018 年 12 月 27 日第 514 号联邦法修订)

1. 为确保履行债券义务而提供的独立担保不能被撤销。

(1)独立担保的期限必须比其所担保债券的清偿期限(到期日)至少长 6 个月;

(2)独立担保的条款必须规定,担保权转移给被转移债券权利的人。

为履行债券义务而提供的独立担保应只规定担保人和发行人对不履行或不适当履行债券义务承担连带责任。

2. 如果保证债券履行的独立担保不是银行担保,则可以由资产净值不低于所提供的保证金额(数额)的营利性组织进行担保。

3. 国家和市政债券是根据俄罗斯联邦预算立法和俄罗斯联邦国家(市政)证券的相关立法进行担保。

第 27.5.1 条　俄罗斯银行债券发行和流转的特点

(本条由 2005 年 6 月 18 日第 61 号联邦法修订)

1. 俄罗斯银行债券以书面形式对持有人强制集中登记。

(本条由 2018 年 12 月 27 日第 514 号联邦法修订)

2. 由俄罗斯银行发行的债券,无须对这种债券的发行(增发)进行登记,也无须为这种债券准备和登记招股说明书。

(本款由 2018 年 12 月 27 日第 514 号联邦法修订)

根据《俄罗斯联邦中央银行(俄罗斯银行)联邦法律》,俄罗斯银行授权管理机构决定搁置俄罗斯银行债券以及批准俄罗斯银行债券发行(增发)的决定。

俄罗斯银行债券发行(增发)的识别号由俄罗斯银行根据其规定程序分配。

(本款由 2018 年 12 月 27 日第 514 号联邦法修订)

3. 俄罗斯银行债券的配售和流转仅限于俄罗斯信贷机构。

禁止俄罗斯银行在提供俄罗斯银行债券发行(增发)决定中所含信息之日起三天内将其发布在俄罗斯银行官方网站上。

(本款由 2011 年 7 月 11 日第 200 号联邦法修订)

4. 俄罗斯银行需要披露俄罗斯银行关于发行债券决定,关于确定俄罗斯银行发行(增发)债券的决定,关于俄罗斯银行债券配售以及履行俄罗斯银行债券债务的决定。

本款第 1 段规定信息的披露由俄罗斯银行在相关事件发生后 5 天内在俄罗斯银行正式出版物和(或)俄罗斯银行官方网站上发布。

(本款由 2011 年 7 月 11 日第 200 号联邦法修订)

第 27.5.2 条　自 2020 年 1 月 1 日起失效。2018 年 12 月 27 日第 514 号联邦法。

第 27.5.3 条　俄罗斯存托凭证发行和流转的特性

(本条由 2006 年 12 月 30 日第 282 号联邦法修订)

1. 俄罗斯存托凭证的发行人是托管机构,托管机构根据俄罗斯联邦法律设立,符合俄罗斯银行对其自有资本规模(自有资金)的监管行为的要求,并进行至少三年的存款业务。

(本款由 2013 年 7 月 23 日第 251 号联邦法修订)

2. 对于与俄罗斯存托凭证发行有关的关系,应适用本联邦法有关发行和流转证券程序的规定,同时考虑到本条规定的具体情况。

3. 允许发行俄罗斯存托凭证的条件是,托管机构对证券权利的登记需要在为其开立的账户中进行。同时,该权利必须由登记证券权利并符合俄罗斯银行规范性法律文件所规定标准的组织予以登记。俄罗斯银行应根据其既定程序,形成符合本款规定标准的外国组织名单,并在其互联网的官方网站上公布。

(本款由 2013 年 7 月 23 日第 251 号联邦法、2018 年 12 月 27 日第 514 号联邦法修订)

4. 发行所销售的证券的俄罗斯存托凭证的发行人不对俄罗斯存托凭证的持有人承担任何义务,条件是所销售的证券已在符合俄罗斯银行规范性法律文件所规定标准的外国交易所通过了上市程序。俄罗斯银行应按照既定程序编制符合本款所规定标准的外国交易所名单,并在互联网的官方网站上予以公布。

(本款由 2011 年 11 月 21 日第 327 号联邦法、2012 年 12 月 29 日第 282 号联邦法、2013 年 7 月 23 日第 251 号联邦法、2018 年 12 月 27 日第 514 号联邦法修订)

5. 发行俄罗斯存托凭证的程序包括以下几个阶段:

(1)批准发行人授权机构(托管机构)就俄罗斯存托凭证问题作出决定;

(2)对俄罗斯存托凭证的发行进行登记;

(3)配售俄罗斯存托凭证。

在符合以下条件的情况下,交易所可对俄罗斯存托凭证的发行和说明书进行登记:

(1)俄罗斯存托凭证能够证明符合本联邦法第 51.1 条和 51.1 条第 1 款和第 2 款所要求的流转证券的所有权;

(2)证明俄罗斯存托凭证所有权的所销售证券已通过本条第 4 款所列外汇的上市程序。

(本款由 2018 年 12 月 27 日第 514 号联邦法修订)

6. 自 2013 年 1 月 2 日失效。2012 年 12 月 29 日第 282 号联邦法。

7. 本联邦法所规定的发行人完成证券发行义务的时间不得迟于对发行进行国家登记之日起一年的要求,不适用于配售俄罗斯存托凭证。

自 2020 年 1 月 1 日起失效。2018 年 12 月 27 日第 514 号联邦法。

8. 俄罗斯存托凭证的配售和流转可以在对发行进行国家登记后进行。

(本款由 2018 年 12 月 27 日第 514 号联邦法修订)

9. 关于俄罗斯存托凭证配售的决定应该包括:

(1)俄罗斯存托凭证发行人的全名、所在地和邮政地址;

(本项由 2018 年 12 月 27 日第 514 号联邦法修订)

(2)批准决定发行俄罗斯存托凭证的日期和批准该决定的俄罗斯存托凭证

发行机构的授权机构名称；

(3)销售证券发行人的名称和地点，以及允许根据准据法可以确认发行人为法人的其他信息；

(4)销售的证券类型、类别；

(5)所提供证券所确定的权利；

(6)其所有权由某一俄罗斯存托凭证证明的所销售证券的数量；

(7)自 2020 年 1 月 1 日起失效。2018 年 12 月 27 日第 514 号联邦法；

(8)自 2013 年 1 月 2 日起失效。2012 年 12 月 29 日第 282 号联邦法；

(9)俄罗斯存托凭证持有人的权利，以及俄罗斯存托凭证持有人行使(实现)所销售证券所确定权利的程序；

(10)托管人有义务按照俄罗斯存托凭证持有人的要求交付适当数量的所销售证券，如果关于发行俄罗斯存托凭证的决定有此规定，则应交付适当数量的所销售证券并转移其销售的现金收益；

(本项由 2011 年 2 月 7 日第 8 号联邦法修订)

如果依照俄罗斯联邦法律或外国法律，俄罗斯存托凭证的所有人不能为所销售证券的持有人，则俄罗斯存托凭证的持有人要求偿还，托管机构有义务出售适当数量的证券；

(本项由 2011 年 2 月 7 日第 8 号联邦法修订)

(11)如果所销售的证券是股票(证明股票相关权利的外国发行人的证券)，则应当包含俄罗斯存托凭证持有人就表决程序向托管机构发出(发送)指示的程序以及托管机构确保仅根据俄罗斯存托凭证持有人的指示行使表决权，以及向俄罗斯存托凭证持有人提供表决结果的义务；

(本项由 2012 年 12 月 29 日第 282 号联邦法修订)

(12)托管机构有义务根据本联邦法和俄罗斯银行条例规定的范围、方式和时限内披露信息；

(本项由 2013 年 7 月 23 日第 251 号联邦法修订)

(13)托管人有义务确保在其为他人代理的账户中持有的所销售证券的数量与已发行的俄罗斯存托凭证的数量相一致；

(变更信息：2011 年 2 月 7 日第 8 号修订第 27.5.3 条第 9 款第 14 款)

第三章 可发行有价证券

（14）托管机构为俄罗斯存托凭证持有人提供服务，以行使所代表的证券的权利，包括获得所销售证券的款项以及应付给证券持有人的其他款项以及提供此类服务的程序和条件；

（15）所提供证券的俄罗斯存托凭证持有人的付款期限；

（16）根据本条款第 10 至 14 项的规定，关于向本托管机构支付的有关履行职责的报酬和(或)报销费用应由俄罗斯托管机构的持有人支付；

（本项由 2011 年 2 月 7 日第 8 号联邦法修订）

（17）关于销售证券的发行人（证明其所代表证券权利的股票或债券的外国发行人，）是否对俄罗斯存托凭证的持有人承担义务的信息；

（本项由 2012 年 12 月 29 日第 282 号联邦法修订）

（18）存储、登记和转让俄罗斯存托凭证权利的程序；

（19）为履行俄罗斯存托凭证项下的义务编制俄罗斯存托凭证持有人名单的程序和截止日期；

（20）拆分俄罗斯存托凭证的可能性和程序；

（21）本条规定的其他信息。

10. 发行俄罗斯存托凭证的决定应该由履行发行人俄罗斯存托凭证执行机构职能的人签署，并加盖俄罗斯存托凭证发行人的印章（如果有印章）。

（本条由 2015 年 4 月 6 日第 82 号联邦法修订）

11. 如果销售证券的发行人（其权利由所销售证券证明的股票或债券的外国发行人）对俄罗斯存托凭证的持有人承担义务，这些义务应由所提供证券的发行人（其权利由所销售证券证明的股票或债券的外国发行人）与俄罗斯存托凭证发行人之间的协议规定。本协议的变更不需要俄罗斯存托凭证持有人的同意。

（本条由 2012 年 12 月 29 日第 282 号联邦法修订）

12. 除了本联邦法第 22 条规定的信息外，俄罗斯存托凭证招股说明书还应包含所提供证券以及所提供证券发行人的信息。

俄罗斯存托凭证的招股说明书中所包含信息的构成要求由俄罗斯银行规范性法律文件予以规定。

（本款由 2013 年 7 月 3 日第 251 号联邦法修订）

13. 自 2020 年 1 月 1 日起失效。2018 年 12 月 27 日第 514 号联邦法。

14. 如果销售证券的发行人对俄罗斯存托凭证的持有人承担义务，则应提交销售证券的发行人与俄罗斯存托凭证发行人之间的协议，该协议作为发行该证券的决定的组成部分之一，用于登记俄罗斯存托凭证的发行。

(本款由 2012 年 12 月 29 日第 282 号联邦法、2018 年 12 月 27 日第 514 号联邦法修订)

15. 如果销售证券的发行人对俄罗斯存托凭证持有人承担义务，除本联邦法第 21 条规定的理由外，拒绝登记俄罗斯存托凭证发行的依据是与所提供证券发行人的协议不包含下列条款之一：

(本款由 2012 年 12 月 29 日第 282 号联邦法、2018 年 12 月 27 日第 514 号联邦法修订)

(1)表明所销售证券确定的权利；

(2)托管机构具有确保流转中的俄罗斯存托凭证的数量与在托管机构处为他人开设账户中所登记权利的被销售证券的数量相一致的义务；

(3)表明所销售的证券是为了配售俄罗斯存托凭证和(或)流转而发行的；

(4)如果所销售的证券是股票(外国发行人证明股票权利的证券)，俄罗斯存托凭证持有人就表决程序向托管机构发出(发送)指示的程序，以及托管机构确保不按照俄罗斯存托凭证持有人的指示以外的方式行使表决权的义务，以及向俄罗斯存托凭证持有人提供表决结果的义务；

(本项由 2012 年 12 月 29 日第 282 号联邦法修订)

(5)证券发行人有义务用俄语或金融市场使用的语言和外语提供信息，其程度、方式和时间应使托管机构能够按照本联邦法和俄罗斯银行规范性法律文件规定的程度、方式和时间进行披露；

(6)按照本款第 5 项的规定，托管机构有义务在收到信息的次日之前披露从销售证券发行人处获得的信息；

(7)关于适用本合同所产生关系的协议；

(8)关于审议因未履行或不当履行协议项下的义务而引起争议的协议，在俄罗斯联邦境内由仲裁法院或仲裁法院做出，其决定可根据俄罗斯联邦的国际条约，在所销售证券的发行人所在国予以承认；

(本项由 2007 年 12 月 6 日第 334 号联邦法修订)

(9)关于托管机构和证券发行人因未履行合同义务或未适当履行合同义务而向俄罗斯存托凭证持有人承担证券责任的条款；

(10)关于在所销售证券被允许进行交易所交易的条件下，协议可以在未经俄罗斯存托凭证持有人同意的情况下被终止的条款。

(本项由 2012 年 12 月 29 日第 282 号联邦法修订)

16. 托管机构仅有权变更俄罗斯存托凭证发行决定中的以下内容：

(1)当在一份俄罗斯存托凭证代表有价证券数量减少(拆分俄罗斯托管凭证)、或拆分、或合并时引起该俄罗斯存托凭证(俄罗斯存托凭证的拆分)所代表证券数量的变化；

(2)当根据外国法律有价证券代表权利实现的总额和(或)程序发生变更时，由该有价证券所代表权利的俄罗斯存托凭证持有人的权利实施(实现)程序发生变更；

(3)自 2013 年 1 月 2 日失效。2012 年 12 月 29 日第 282 号联邦法；

(4)变更销售证券的发行人与俄罗斯存托凭证发行人之间的协议条款。

17. 本条第 16 款所述的变更应由俄罗斯银行根据托管机构的要求进行国家登记并附上文件，其详尽清单由俄罗斯银行规范性法律文件予以规定，如果俄罗斯存托凭证的发行以及俄罗斯存托凭证的招股说明书未经国家登记，则应当在俄罗斯证券交易所批准前述变更后提交文件。

(本款由 2012 年 12 月 29 日第 282 号联邦法、2013 年 7 月 23 日第 251 号联邦法修订)

18. 俄罗斯银行有义务在收到提交注册的文件之日起 10 日内对发布俄罗斯存托凭证的变更决定进行国家登记或做出拒绝登记这种变更的合理决定。俄罗斯银行有权审查提交给国家登记的文件中包含信息的真实性。在这种情形下，本款规定的期限可以在审查文件期间中止，但不得超过 30 天。

(本款由 2013 年 7 月 23 日第 251 号联邦法修订)

19. 俄罗斯存托凭证发行人应按照发行俄罗斯存托凭证决定所规定的方式和期限，向俄罗斯存托凭证持有人发送(交付)包括修订全文在内的俄罗斯存托凭证修订登记通知。发行人应按照本联邦法规定的以重要事实陈述形式披露信息的程序和时限，向俄罗斯存托凭证持有人披露信息。

（本款由 2018 年 12 月 27 日第 514 号联邦法修订）

20. 对发行俄罗斯存托凭证的决定的修订应在披露或交付该修订日期后 30 天生效，包括对销售证券的发行人和俄罗斯存托凭证发行人之间的协议条款的修订，但本条第 15 款所述的修订除外。

21. 托管机构必须每季度向俄罗斯银行递交一份俄罗斯存托凭证流转数量和发行人账户中提供的有关俄罗斯存托凭证的证券数量的证明。该信息在截至报告期结束最后一天由俄罗斯存托凭证发行人提交。

（本款由 2013 年 7 月 23 日第 251 号联邦法修订）

22. 无论俄罗斯存托凭证持有人的人数是多少，俄罗斯存托凭证的登记簿都可以由其发行托管机构进行登记。

（本款由 2018 年 12 月 27 日第 514 号联邦法修订）

如果俄罗斯存托凭证的持有人未履行向发行人和托管机构支付报酬和（或）偿还相关费用的义务，负责登记俄罗斯存托凭证持有人登记簿的发行人和托管机构可以阻止涉及向俄罗斯存托凭证权利的登记账户转让该权利的交易。对俄罗斯存托凭证持有人登记簿进行登记的登记人有义务根据发行托管机构的要求执行此种限制。

（本款由 2018 年 12 月 27 日第 514 号联邦法修订）

23. 一次发行的俄罗斯存托凭证只能证明一个外国发行人和一个种类（类别、类型）的所销售证券的所有权。

24. 所销售证券中包含的权利，包括与其收到款项有关的权利，均以有利于俄罗斯存托凭证的持有人为依据，凭该存款凭证自拟定销售证券持有人名单之日起，有权行使相应权利，包括收到相关款项。

25. 俄罗斯存托凭证持有人的付款由持有俄罗斯联邦货币的俄罗斯存托凭证发行人提供，除非决定发行俄罗斯存托凭证另有规定。与实施该付款有关的义务的履行期限为存款人从提供证券的发行人收到相关存款之日起五日内。

26. 根据联邦法律，在俄罗斯证券交易所发布的国家登记信息或俄罗斯证券交易所批准的修订日期的操作日结束时，俄罗斯存托凭证的分配由其持有人或行使这些证券权利的人员进行。在一张俄罗斯存托凭证证明对应至少一个所销售证券的所有权时，允许拆分俄罗斯存托凭证。

（本款由 2012 年 12 月 29 日第 282 号联邦法、2018 年 12 月 27 日第 514 号联邦法修订）

27. 如果俄罗斯存托凭证的持有人已经从托管机构处收到了所销售的适当数量的证券，该持有人持有的此种俄罗斯存托凭证应被清偿。

（本款由 2012 年 12 月 29 日第 282 号联邦法修订）

28. 如果已登记俄罗斯存托凭证的招股说明书，俄罗斯存托凭证的发行托管机构应以发行人报告和重大事实（事件）通知的形式披露有关其自身信息以及影响有价证券发行人金融活动的和销售证券的发行人信息（与既定事实相关的信息），同时应考虑到俄罗斯银行规范性法律文件中规定的例外情形。

（本款由 2012 年 12 月 29 日第 282 号联邦法、2013 年 7 月 23 日第 251 号联邦法、2018 年 12 月 27 日第 514 号联邦法、2020 年 7 月 31 日第 306 号联邦法修订）

29. 俄罗斯存托凭证可以通过公开或封闭式认购，也可以根据所销售证券的转让条款进行。

（本款由 2013 年 12 月 28 日第 420 号联邦法修订）

第 27.5.4 条　营利性组织发行债券的特性

（本条由 2018 年 12 月 27 日第 514 号联邦法修订）

营利性组织在全额支付其注册资本、股份资本、单位基金、法定基金、（农业组织（农场）成员以其财产全额出资）之后，允许发行债券。

第 27.5.5 条　重组期间有价证券发行的特性。重组期间债券发行人的变更

（本条由 2012 年 12 月 29 日第 282 号联邦法修订）

1. 发行合并、拆分或转换方式重组的有价证券，应当根据重组的相关决定进行。

2. 通过合并、拆分或转换进行重组的有价证券发行的国家登记，应由联邦法律授权的人员应申请国家法人统一登记簿对重组后形成的法人进行国家登记。

通过合并、拆分或转换进行重组的有价证券发行的国家登记文件，应在

法人因重组而形成之前提交给俄罗斯银行申请国家法人统一登记簿登记。

（本款由 2013 年 7 月 23 日第 251 号联邦法修订）

3. 对法人合并、分立或重组时发生的以合并、分立或转换方式对发行配售的有价证券进行国家登记的决定，应当在发行人的法人国家登记之前由俄罗斯银行进行，并应在法人国家登记之日起生效。当相应法人的国家登记在自上述发行有价证券国家登记之日起一年内未实现，则相应发行债券的国家登记亦应当被注销。

（本款由 2013 年 7 月 23 日第 251 号联邦法、2018 年 12 月 27 日第 514 号联邦法修订）

4. 在以拆分、分立或转换为形式的重组发行有价证券的决定应获得重组法人授权机构的批准，并由担任重组法人独任执行机关（行使职能）的人员签署。

重组时以合并形式配售发行有价证券的决定，应由参与合并的法人实体的授权机构批准，由后者法人决定以合并形式进行重组，或做出以合并形式重组的决定，并由担任该法人独任执行机关职务（行使职能）的人员签署。

对发行人因合并、分立、拆分或转换等形式重组而产生的证券持有人登记簿进行登记的登记人，应开展与配售发行证券相关的业务，前述证券应当在以合并分立、拆分或转换等形式重组时，在收到确认因该重组而成立发行人的法人登记文件后进行配售。

（本款由 2018 年 12 月 27 日第 514 号联邦法修订）

5. 自 2013 年 9 月 1 日失效。2013 年 7 月 23 日第 251 号联邦法。

6. 如果债券发行人通过合并或联合而重组至另外一个法人中，或以分立、拆分或转换的形式进行重组，债券发行人应被其法定继受人承担，条件是特定发行债券的所有义务都转移给法定继受人，并且法定继受人设立或运营的法律组织形式使其有权发行债券。

债券发行人被其继受人取代，应通过修改证券发行决定中由发行人指明继受人的相关条款来实现。

（本款由 2018 年 12 月 27 日第 514 号联邦法修订）

在重组期间对债券发行人进行变更，应按照本联邦法第 24.1 条规定程序进行，无须经过债券持有人同意，该变更在债券发行人的重组完成之日起生效。

（本项由 2018 年 12 月 27 日第 514 号联邦法修订）

7. 在债券发行人重组完成后的 30 天内，其继受人有义务通知俄罗斯银行以及交易所关于承认交换债券、债券发行人重组以及合法继承人变更的申请通知。发送该通知的内容、形式和程序要求由俄罗斯银行规范性法律文件予以规定。

（本款由 2013 年 7 月 23 日第 251 号联邦法修订）

本款的规定不适用于信贷机构。

8. 如果重组发行人的债券在这些债券的招股说明书中登记，并且（或）重组发行人的债券是通过交换债券说明书进行交易所交易的交换债券，则作为新债券发行人的继受人有义务根据联邦法第 30 条的规定披露信息。

第 27.5.6 条　以不同顺序履行担保债券义务的特性

（本条由 2013 年 12 月 21 日第 379 号联邦法修订）

1. 发行人有权根据不同期发行债券中的债务履行和（或）发行人签订担保合同项下的金钱债务履行设定不同的顺序。在这种情况下，只有在履行前一阶段债务并在执行期限后，才能履行下一轮债务和履行期限。发行此类债券的决定中必须包含发行人发行的其他债券和（或）发行人所签订担保合同的细节，以及每一阶段债务履行的具体信息。

（本款由 2018 年 12 月 27 日第 514 号联邦法修订）

2. 债券发行决定中规定的债务履行顺序，应适用于履行债权担保义务，包括在追索质押物和（或）由于提供抵押而获取货币给付，

以及提前清偿债券和（或）提前履行发行人签订合同中的货币债务。

（本款由 2018 年 12 月 27 日第 514 号联邦法修订）

发行债券的条款和条件可以规定，履行义务的既定顺序也应适用于根据发行条款和（或）债权人根据发行人签订的合同条款支付给债券持有人的罚金、其他罚金和损失。在这种情况下，只有在履行前一阶段债务并支付罚金、其他罚金和前一阶段的债务损失后，才允许履行下一阶段的债务和支付罚金、其他罚金和后续债务的损失。

(本款由 2018 年 12 月 27 日第 514 号联邦法修订)

3. 如果在发行后续具有相同担保的债券的决定中, 未规定其能够以前期发行担保来实施债券发行的可能性, 那么前期发行债券只能根据后续发行债券持有人的股东大会决定是否许可, 在债券持有人股东大会上的表决投票, 采取绝对多数原则由拥有表决权的人员的四分之三多数票数通过。

(本款由 2018 年 12 月 27 日第 514 号联邦法修订)

4. 如果发行人签署的发行债券的可能性并未由发行人签订的协议条款规定其后续交易中可能要履行的货币债务, 则前一阶段债券的发行只有经债权人同意或债权人同意后续履行货币债务才许可。

第 27.5.7 条　无确定期限债券的特性

(本条由 2018 年 12 月 27 日第 514 号联邦法修订)

1. 符合以下要求的组织可以成为发行无确定期限债券决定中规定的无确定期限债券(以下简称无清偿期限的债券)的发行者:

(1)该组织是已经存在至少 5 年的商业公司;

(2)在过去 5 个完整的年度报告中, 该组织在履行本联邦法第 17.1.5 条规定的义务方面没有任何重大违反契约的行为;

(3)该组织的信用评级相当于俄罗斯联邦国家评级表的最高级别。

2. 无清偿期限的债券是由职业投资人持有的证券。一个无清偿期限的债券的名义金额不得低于 500 万卢布, 除非俄罗斯银行规定更低的金额。无清偿期限的债券不能转换为股票或其他有价证券。

(本款由 2021 年 6 月 11 日第 192 号联邦法修订)

3. 无清偿期限债券的配售决定应由发行债券的商业公司成员(股东)大会以该公司所有成员(所有持有有表决权股份的股东)的 95% 的多数票作出。

4. 发行无清偿期限债券的决定中可以规定发行人单方面拒绝支付该种债券的利息。

5. 无清偿期限债券的持有人无权要求提前清偿该债券, 包括基于本联邦法第 17.1 条规定的理由。

6. 无清偿期限债券的发行登记由俄罗斯银行进行。

7. 俄罗斯联邦民法中关于借贷的规则和本联邦法中关于证券发行和流转

第三章 可发行有价证券

程序的规定应根据本条规定适用。

8. 本条第 13 款的规定不应适用于信贷机构无清偿期限的次级债券。

第 27.5.8 条 可转换证券的特性

(本条由 2018 年 12 月 27 日第 514 号联邦法修订)

1. 可转换为同一发行人其他有价证券的发行登记,可与转换为其证券发行(增发)登记同时进行,或在该登记之后进行。

发行人只能在可转换为同一发行人的其他证券的证券被记入发行人的发行账户后,才可以通过这种转换配售证券。

2. 发行可转换证券的决定以及本联邦法规定的信息应包含以下内容。

(1)能够识别可转换证券所转换的证券以及转换后的证券持有人权利的信息;

(2)一张可转换有价证券可转换的有价证券数量(转换率)。不允许将两种或两种以上的可转换证券转换为一种证券;

(3)转换的条件,包括转换发生的时间和(或)情况;

(4)实施转换的程序。

3. 如果发行可转换证券的决定规定发行人有权进行第三次转换,则该种转换必须对发行的所有相关可转换证券进行,或对所有持有人按其持有的相关发行的可转换证券的数量比例进行。登记员(对可转换证券的权利进行集中登记的托管机构)应在收到发行人的相关指示(命令)后的第三个工作日进行转换。在发送该指示(命令)的当天,发行人应披露信息,或如果其不需要根据本联邦法第 30 条披露信息,则向可转换证券的持有人提供相关信息,如果可转换证券为债券,则也应通知可转换债券持有人的代表。

4. 如果发行可转换证券的决定规定发行人有义务进行第三次转换,登记员(对可转换证券的权利进行集中登记的托管机构)应根据发行人的有关指示(命令)进行此种转换,如果是履行转换的义务,则应当根据关于发行可转换证券的决定,在日历日期规定或期限届满所确定的时间范围内完成。

如果转换的义务应在指示所规定的事件成就期限内履行,或其履行须符合某些条件和(或)情况,则在事件发生后的 5 个工作日内,可转换证券的持有人和(或)可转换债券持有人的代表应有权向登记员(对可转换证券的权利进行集中登记的托管机构)和发行人发送发生该事件的通知。在收到此类通知后不晚于1天，登记员(对可转换证券的权利进行集中登记的托管机构)应将其内容通知发行人。登记员(对可转换证券的权利进行集中登记的托管机构)应在收到通知后的第14个工作日根据该通知转换所有可转换证券，除非发行人未提供文件能证明上述通知中提及的事件、条件和(或)情况未发生。

5. 如果发行可转换证券的决定为持有人提供了要求转换其可转换证券的权利，则该种要求必须在发行可转换证券的决定中所规定的时间内提出或撤回。前述期限不得少于15个工作日，除非联邦法律另有规定。在不迟于上述期间开始后的下一个工作日，发行人应披露信息，或如果其不需要根据本联邦法第30条披露信息，则应将要求转换的权利通知可转换证券的持有人，如果可转换证券是债券，则也应将其通知可转换债券持有人的代表。

6. 在登记簿中登记的可转换证券持有人的请求，或该种请求的回复，应通过邮寄或交付，以持有人签署的书面文件形式提交至登记员，或者，如果登记员的登记簿规则中有所规定，则也可以通过发送由合格电子签名的电子文件进行提交。前述规则还可以规定，可以用简单或不合格的电子签名来签署电子文件。在这种情形下，用简单或不合格的电子签名签署的电子文件被认为等同于手写签名的纸质文件。

有价证券的转换请求中必须包含能识别提出请求的人员以及请求转换的可转换证券数量的信息。上述请求应被视为在登记员收到该请求之日向发行人提出。

从登记员收到可转换证券的转换请求之日起，到与该转换有关的登记簿登记之日或请求撤销之日止，可转换证券的持有人无权处置申请转换的证券，包括将其质押或以其他方式质押，而登记员无须经过前述人员的命令即可将该限制登记在登记簿中。

7. 如果可转换证券持有人的可转换证券权利由进行可转换证券权利集中登记的托管机构或名义持有人登记，则其应通过向登记可转换证券的人发出适当指示的方式请求转换该证券或撤回上述请求。在这种情形下，应根据本联邦法第8.9条发出指示，并在指示中表明持有人请求或撤销的可转换证券的数量信息。

第三章 可发行有价证券

自可转换证券权利集中登记的托管机构或可转换证券的名义持有人收到持有人关于要求转换该证券的指示（命令）之日起，以及自该托管机构或名义持有人就该转换登记之日起，至收到关于持有人撤回该转换请求的信息之日止，可转换证券的持有人无权处置申请转换的证券，包括将其质押或以其他方式抵押，而登记员无须经过前述人员的命令即可将该种限制登记在已登记其可转换债券权利的账户中。

8. 本条第 7 款规定的证券转换请求应在以下主体收到之日起被视为已提交给发行人：

（1）被登记在册的名义持有人的登记员收到包含可转换证券持有人意向的信息；

（2）集中登记可转换证券权利的托管机构收到来自作为前述有价证券持有人的委托托管人以及来自作为可转换证券名义持有人的登记员的包含可转换证券持有人意向的信息。

9. 撤销本条第 6 款和第 7 款规定限制的记录应在账户未被施加该种限制的人员授权（命令）下进行：

（1）同时进行与可转换证券转换为其他证券有关的记录；

（2）在登记簿上登记的可转换证券的持有人或作为实施可转换证券集中登记的委托托管人收到其撤回转换请求之日；

（3）在名义持有人收到关于登记员或登记可转换证券权利的托管机构收到其有价证券权利已被名义持有人登记的可转换债券持有人撤回其转换请求之日。

10. 如果可转换证券的权利在登记簿中登记，则对可转换证券的权利进行集中登记的托管机构应在登记簿中开立一个名义持有人账户。

11. 在将可转换证券转换为其他证券时，与该种转换有关的登记应由登记员（对可转换证券的权利进行集中登记的托管机构）进行，无须可转换证券名义持有人的指示，或者在本条第 4 和第 5 款规定的情况下进行，无须发行人的指示。

根据本款规定的程序，从此类证券的名义持有人的个人账户（托管账户）中扣除可转换证券，被视为名义持有人中止对根据委托托管人托管账户进行可转换债券权利登记的理由,而无须委托托管人的委托。

第 27.5.9 条 根据可转换贷款协议发行股票的特性

(本条由 2021 年 7 月 2 日第 354 号联邦法修订)

1. 根据 1995 年 12 月 26 日第 208 号联邦法《股份公司法》,非上市股份公司的股票可以通过封闭式认购的方式配售给贷款人,以履行可转换贷款协议。

可转换贷款协议必须在根据可转换贷款协议配售的股份的发行(增发)登记之前签订。

2. 根据可转换贷款协议,以封闭式认购方式配售股份的条件应根据可兑换贷款协议的条款确定。

3. 本条所指的股份配售期限应根据可转换贷款协议确定,该期限从其发行(增发)登记之日起计算,可超过 1 年时间。

4. 在登记员收到根据可转换贷款协议配售的股票发行(增发)登记文件之日起 2 个工作日内,登记员应向负责国家法人登记的机构申请将缔结的可转换贷款协议的信息录入国家统一法人登记簿。上述申请的申请人应当是担任登记员独任执行机关职位(行使职能)的人员。

5. 根据可转换贷款协议配售的非上市股份公司的股票,应通过抵消贷款人在可转换贷款协议下的义务对该公司的货币索赔来进行支付。

6. 贷款人关于配售非上市股份公司的股票和履行可转换贷款协议的请求(以下简称贷款人请求)应提交给登记员,请求中应当含有以下信息:

(1)能够识别提交人身份的信息;

(2)拟配售的相关类别(类型)的非上市股份公司的股份数量;

(3)对非上市股份公司的货币索赔金额,即用以支付非公开发行的股份公司的待售股份的贷款金额及其利息;

(4)应当登记非上市股份公司股份的个人账户信息;

(5)期限届满和(或)使可转换贷款协议对贷款人的索赔能力具有约束力的其他情况。

7. 在收到贷款人要求后的 1 个工作日内,登记员必须将其内容告知非上市股份公司。非上市股份公司可以在登记员收到贷款人的要求后的 14 个工作日内,就其股份的分配和可转换贷款协议的履行向登记员提交申述。

8. 与根据可转换贷款协议在非上市股份公司配售股票有关的交易，如果非上市股份公司在本条第 7 款规定的期限内未收到任何反对意见，则应由登记员根据贷款人的要求和可转换贷款协议下的非上市股份公司借款人命令进行。该操作应不迟于本条第 7 款规定的期限届满后的下一个工作日，或不迟于登记员收到贷款人请求和非上市股份公司借款人的命令后的下一个工作日进行。

9. 如果非上市股份公司收到反对意见，登记员应在收到意见后的 3 个工作日内，拒绝进行根据可转换贷款协议配售非上市股份公司股票的交易，并应向贷款人发出拒绝通知，同时附上非上市股份公司提交的反对意见副本。

10. 如果贷款人未能根据与贷款人签订的可转换贷款协议向非上市股份公司配售股份，则贷款人可以向法院要求配售该股份。仲裁法院关于非上市股份公司根据可转换贷款协议向贷款人配售股份的决定为登记员开展与配售此类股份的活动的依据。

三、有价证券的流转

第 27.6 条　有价证券的流转限制

（本条由 2007 年 12 月 6 日第 334 号联邦法修订）

1. 涉及有价证券所有权转让的交易（有价证券的流转）应允许在其发行（增发）登记后进行，除非本联邦法另有规定。

（本款由 2014 年 7 月 21 日第 218 号联邦法、2018 年 12 月 27 日第 514 号联邦法修订）

如果有价证券的发行程序规定对其发行（增发）结果的报告进行国家登记，那么在全额支付之前，禁止转让其第一持有人拥有的有价证券的权利。

（本项由 2018 年 12 月 27 日第 514 号联邦法修订）

2. 除非本联邦法另有规定，否则允许公开发行的证券须同时遵守以下条件，包括向无限数量的人（包括使用广告）提供发行服务：

（本款由 2014 年 7 月 21 日第 218 号联邦法修订）

(1) 登记证券招股说明书（有价证券招股说明书，登记为证券招股说明书的私有化方案），或允许未被列入开盘清单的未登记证券招股说明书的有价证券进行交易所交易；

（本项由 2018 年 12 月 27 日第 514 号联邦法修订）

(2)根据本法的要求以及根据交易组织者的要求，发行人应披露未进行证券招股说明书登记而进入交易所交易的有价证券相关信息。

（本款由 2012 年 12 月 29 日第 282 号联邦法修订）

不允许公开流转，包括通过向非限定人群提供（包括使用广告）：

(1)非上市股份公司的股票，以及该类公司可转换为股票的证券；

(2)非上市股份公司的股票，以及该类公司可转换为股票的证券，此外此类证券未登记证券招股说明书(有价证券招股说明书，登记为证券招股说明书的私有化方案）。

3. 为职业投资人购买和转让证券，以及提供（接受）此类证券作为履行债务的担保，只能通过经纪人进行。根据联邦法，该规则在执行该交易时并不适用于职业投资人，也不适用于由于普遍继承、重组（包括重组，分配清算法人实体的财产）而获得此类证券的情形以及俄罗斯银行规定的其他情形。

（本款由 2013 年 7 月 23 日第 251 号联邦法修订）

4. 如果职业投资人专用的证券的持有人成为非职业投资人或失去职业投资人地位，则此人有权通过经纪人转让此类证券。

5. 自 2013 年 1 月 2 日起失效。2012 年 12 月 29 日第 282 号联邦法。

第 28 条　有价证券所有权证明的形式

有价证券持有人的权利通过在登记员所登记的个人账户中的记录来证明，如果是在托管机构的证券账户，则通过在托管机构账户中的记录来证明。

（本款由 2018 年 12 月 27 日第 514 号联邦法修订）

集中登记权利的有价证券持有人的权利由登记此类信息的托管机构账户中的记录证明，如果是在其他托管机构登记的此类证券的权利，则由上述托管机构账户中的记录证明。

（本款由 2018 年 12 月 27 日第 514 号联邦法修订）

登记员和托管机构应保存与证券持有人登记簿或托管登记有关的文件，以及与证券权利的登记和转让有关的文件，如果上述文件是开展业务的基础，则应保存自登记员或托管机构收到这些文件，并自执行证券交易之日起不少于 5 年。此类文件的清单以及其保存程序由俄罗斯银行规范性法律文件予以规定。

(本款由 2011 年 12 月 7 日第 415 号联邦法、2013 年 7 月 23 日第 251 号联邦法修订)

第 29 条　证券权利的转让

(本条由 2018 年 12 月 27 日第 514 号联邦法修订)

1. 发行证券的权利在以下情形转给权利受让人：

(1)有价证券权利在登记簿中登记自购买人个人账户被录入收入记录之日起；

(2)有价证券权利在托管机构处登记自托管账户被录入收入记录之日起。

2. 有价证券所包含的权利在证券权利转让之日转移给权利受让人。

第六(一)章　债券持有人的代表。债券持有人大会

(本章由 2013 年 7 月 23 日第 210 号联邦法修订)

第 29.1 条　债券持有人代表

1. 债券发行人有权在本条第 2 款规定的情况下确定债券持有人的代表。

2. 债券发行人有义务在以下情形确定债券持有人的代表：

(1)除由国家、市政担保、或独立担保、或由国有企业委托、或联邦法律规定的采取在无须登记职业投资人间公开或封闭认购方式发展优先产业的营利性组织担保的债券配售外，在配售可转换股票债券的情况下，以及无须登记债券优先购买权人超过 150 人的情况下；

(本项由 2018 年 12 月 27 日第 514 号联邦法修订)

(2)债券被允许通过交易所交易来担保，但由国家、市政担保或独立担保或由国有企业委托或联邦法律规定的采取，在无须登记职业投资人间公开或封闭认购方式发展优先产业的营利性组织担保的债券配售除外。

(本项由 2015 年 6 月 29 日第 210 号联邦法、2018 年 12 月 27 日第 514 号联邦法修订)

本条第二款的规定不适用于国家和市政有价证券的发行人。

(本款由 2015 年 6 月 29 日第 210 号联邦法修订)

3. 发行人对债券持有人代表的确定（如果该代表在配售债券时未确定）须经债券持有人大会决定批准。

（本款由 2018 年 12 月 27 日第 514 号联邦法修订）

4. 债券持有人大会有权随时选举债券持有人代表，包括代替发行人先前确定的债券或代替原先由股东大会选举的债券持有人。

5. 在发行债券的决定中应规定允许识别债券持有人代表的公司名称、地点和数据（以下简称债券持有人代表的信息）。

6. 关于债券持有人代表的信息可以在债券发行登记后记入债券发行决定。对发行债券决定的相关修改应通过向俄罗斯银行、交易所或商业债券的证券交易所、或中央托管机构发出通知进行。上述修改应按照本联邦法第 7 条第 24.1 款规定程序进行登记。在本条第 2 款规定情况下，禁止在发行债券决定录入有关债券持有人代表的信息之前开始配售债券。

（本款由 2018 年 12 月 27 日第 514 号联邦法修订）

7. 如果发行人通过债券持有人大会确定债券或选择债券持有人的新代表，则发行人有义务按照本条第 6 款规定的方式对发行债券的决定做出适当修订。包含新债券持有人代表信息的通知应在选举（确定）新债券持有人代表之日起 30 日内提交给登记员。如果错过该期限，则通知可以由债券持有人的新代表提交，并附上发行人决定或债券持有人大会就其当选的决定。

（本款由 2018 年 12 月 27 日第 514 号联邦法修订）

8. 自 2020 年 1 月 1 日起失效。2018 年 12 月 27 日第 514 号联邦法。

9. 债券持有人代表所代表的是发行人、为发行人债券提供担保的人员以及其他人的利益，并且在俄罗斯联邦国家机关（包括法院）、俄罗斯联邦主体国家机关、国家自治机关中代表上述人员的利益。债券持有人代表行使其权限，包括签署债权声明、撤回债权声明和担保债权声明、将案件提交仲裁法院、全部或部分放弃诉讼请求和承认诉讼请求的变更、诉讼请求依据或标的的变更、签订友好协议并就实际情况达成协议、因新情况或新发现的情况签署审查司法文件的申请书、对仲裁法院的司法行为提起上诉，在无授权的情况下，根据发行债券的决定，接受所授予的资金或其他财产。

10. 债券持有人的代表在行使其权利和履行职责时，必须真诚和合理地为所有债券持有人的利益行事。债券持有人的代表有权让其他人参与履行职责。在这种情况下，债券持有人的代表对上述人员的行为负责。

11. 债券持有人的代表人有义务：

(1)执行债券持有人大会作出的决定；

(2)确定可能导致侵犯债券持有人权利和合法利益的情况；

(3)监督发行人履行债券义务的情况；

(4)采取措施保护债权人的权利和合法利益；

(5)根据俄罗斯银行规范性法律文件和债券发行决定中规定的程序，通知债券持有人以下事项：

确定可能会侵犯债券持有人的权利和合法利益的情况以及为保护债券持有人的权利和合法利益所采取的措施；

关于发行人违约（不当履行义务）的情况；

发生债券持有人有权要求提前还款的情况；

债券持有人代表的利益与债券持有人的利益（以下简称"债券持有人代表的利益冲突"）之间或与此有关的措施存在或可能发生冲突；

购买、持有或终止持有由持有人代表所持有的债券，如果该数量占相关发行的流转票据总数的10%或以上，或已超过、或低于10%、50%或75%；

(6)通知债券持有人、发行人、为发行人债券提供担保的人，以及俄罗斯银行有关债券持有人代表不再遵守本联邦法第29.2条所规定要求的信息；

(7)提交债券持有人代表活动年度报告，并应债券持有人的要求，发行不少于相应发行债券总数10%的报告，报告期限不超过一年；

(8)禁止利用在履行债券持有人代表职能时所获得的任何机密信息；

在债券发行人的破产案件中代表债券持有人和（或）为此类债券提供担保的人提出索赔；

(9)履行本联邦法、其他与证券相关的联邦法、债券发行决定或债券持有人大会决定所规定的其他职责。

（本项由2018年12月27日第514号联邦法修订）

12. 债券持有人的代表有权：

(1)代表债券持有人同意发行人对发行（额外发行）债券的决定和（或）招股

说明书进行修订，如果这种变化与债券的权利数量和（或）实施顺序无关，以及发行人做出其他变更，债券持有人大会决定授予债券持有人代表权；

（本项由 2018 年 12 月 27 日第 514 号联邦法修订）

（2）为执行债券持有人代表职能，要求发行人、其审计师、评估师、为发行人债券提供担保的人员提供必要信息；

（3）要求管理债券持有人登记册的登记员或对债券权利集中登记的托管机构提供截至债券持有人代表指定日期的债券持有人名单；

（本项由 2018 年 12 月 27 日第 514 号联邦法修订）

（4）出席发行人参与人（股东）的股东大会，但无表决权；

（5）在发行担保债券的情况下，行使质权人、受益人或贷款人对保证人的权利；

（6）向仲裁法院提出申请并开展任何其他程序性活动；

（7）接受法院对发行人（为发行人的债券提供担保的人）判决给债券持有人的任何款项或其他财产；

（8）行使本联邦法，其他与证券相关的联邦法以及债券持有人大会决定规定的其他权利。

13. 债券持有人代表的服务费用由债券发行人根据与债券持有人代表签订的协议进行。

发行人和债券持有人的代表有义务在其要求之日起 7 日内，根据其要求向债券持有人提供该条款规定的合同副本。

除非协议另有规定，债券持有人的代表有权单方面拒绝履行与发行人协议规定的义务，并在合同终止前至少三个月内通知发行人。如果协议得到了债券持有人大会的同意，并同时选举了新的债券持有人代表，则可以通过双方协议终止上述协议。

根据本联邦法规定，免除债券持有人代表履行所有或其部分职责以及限制其权利的协议条款无效。

除非债券发行决定未规定，否则债券持有人代表因申请仲裁而产生的费用应由债券发行者承担，和（或）由债券持有人承担。

（本项由 2018 年 12 月 27 日第 514 号联邦法修订）

第三章 可发行有价证券

　　如果债券持有人代表在进行仲裁时发生的费用已由个别持有人或债券持有人支付，这些费用应从债券持有人对债券发行人和（或）为发行人债券提供担保人的索赔中扣除。

　　如果债券持有人大会决定向法院对发行人和（或）债券担保人提起诉讼要求实现权利，债券持有人代表有权在债券持有人或债券发行人未支付债券持有人代表人向法院提起诉讼费用之前，可以拒绝履行该决定。

　　14. 债券持有人的代表有义务根据债券持有人的要求对债券持有人的损失进行赔偿。债券持有人代表据以行事的合同中可以规定，债券持有人代表因其过失行为（不作为）而给债券持有人造成的损失，其责任金额可以限制在一定的范围内，该金额不得低于年报酬的10倍。

　　15. 除非本联邦法、债券发行决定或债券持有人大会的决定另有规定，否则债券持有人不得采取本联邦法规定的属于其代表权力的任何行为。

　　（本款由2018年12月27日第514号联邦法修订）

　　16. 如果债券持有人的代表在规定的时间内未向仲裁法院提出有关要求，或在规定时间内向债券持有人大会提出申请，债券持有人有权在申请理由发生一个月后向法院提出申请。

　　17. 抵押担保债券持有人的代表职能可以通过专门的抵押托管机构行使。

第29.2条　对债券持有人代表的要求

　　1. 确定（选举）为债券持有人代表的人员可以是：

　　（1）经纪人、证券交易商、托管机构、股份投资基金、共同基金和非国家养老基金的管理人和管理公司、信贷机构；

　　（2）本款第1项中未规定的，按照俄罗斯联邦法律设立至少3年的法人。

　　2. 本条第1款所述人员有权在被列入开展债券持有人代表所实施活动的人员名单后开展此类活动。上述名单由俄罗斯银行负责管理，并在俄罗斯银行的官方网站上公布。

　　3. 列入开展债券持有人代表所实施活动的人员名单应当根据本条第1款第1项所规定人员的申请进行，如果将其他人员列入上述名单，则应当根据该人员的申请进行，同时附带能够证明所规定要求的相关文件。

　　将开展债券持有人代表所实施活动的人员从上述名单中删除，应根据列入该名单的人员申请进行,或撤销本条第1款第1项所述人员的许可证,或根据列入上述名单的人员对债券持有人义务的违反行为实施。因违反债券持有人代表的义务而被从上述名单中删除的人员,在其被删除之日起3年后方可被重新列入上述名单。

将开展债券持有人代表所实施活动的人员列入和从名单中删除的程序由俄罗斯银行的规范性法律文件予以规定。

4. 如下几类人员不能被确定为债券持有人代表:

(1)债券发行人,控制其的人员以及受其控制的组织;

(2)为发行人债券提供担保的人,控制其的人员以及受其控制的组织;

(3)提供、组织配售和(或)发行人债券配售服务的人员,控制其的人员以及受其控制的组织,由债券持有人大会选举代表或发行人经债券持有人大会同意作出决定指定的代表除外;

(4)本款第1项至第3项所述人员直接或间接、单独或与受控制的组织一起有权处置该法人最高管理机构中50%以上表决权的法人;

(5)会妨碍正确履行债券持有人代表义务的具有不同利益冲突的法人。

第29.3条　为债券持有人利益债券持有人代表使用和转移所获得的资金特性

1. 债券持有人代表应将所收到的资金用于债券持有人:

(1)支付和(或)偿还与履行职责有关的费用;

(2)履行发行人的债券义务。

2. 债券持有人代表获得的有益于债券持有人的款项,应当处于信贷机构债券持有人代表开立的独立银行账户(债券持有人代表的专门账户)上。记载许可交易所交易权利中央登记的债券持有人代表专门账户,须在中央托管机构开立。

(本款由2018年12月27日第514号联邦法修订)

3. 位于债券持有人代表专门账户中的债券持有人资金不能因债券持有人代表债务而被追索。债券持有人代表无权将其自有资金记入债券持有人代表的专门账户。

如果债券持有人代表由债券持有人大会选举产生,则发行人在该债券下的义务被视为自收到资金之日起转移至该债券持有人代表的专门账户。

4. 债券持有人代表收到的、应支付给权利集中登记的债券持有人的现金,由对债券权利进行集中登记的托管机构在收到债券后 3 个工作日内划拨给上述持有人。

(本款由 2018 年 12 月 27 日第 514 号联邦法修订)

本款规定的资金划拨义务,自进行债券权利集中的托管机构的专门托管账户(作为信贷机构托管机构的账户)收到上述资金之日起视为债券持有人代表已履行义务。

(本款由 2018 年 12 月 27 日第 514 号联邦法修订)

5. 进行债券权利集中的托管机构从债券持有人代表处所收到的资金应按本联邦法第 7.1 条规定的方式支付给权利集中登记的债券持有人。

(本款由 2018 年 12 月 27 日第 514 号联邦法修订)

6. 债券持有人代表收到的其权利应由托管机构(名义持有人)登记的债券持有人的资金,通过将其转移到在登记簿中开立名义持有人个人账户的托管机构的方式发送给上述债券的持有人。

(本款由 2018 年 12 月 27 日第 514 号联邦法修订)

债券持有人代表收到的其权利被登记在登记簿中的债券持有人的资金,应以划拨方式汇至该持有人的银行账户。

(本款由 2018 年 12 月 27 日第 514 号联邦法修订)

7. 在登记簿中开设名义持有人个人账户的托管机构从债券持有人代表处所收到的资金,应按照本联邦法第 8.7 条规定的程序支付给债券持有人。本条关于债券持有人代表向债券持有人转移资金的义务,应适用债券持有人代表履行向债券持有人支付款项义务的程序。

(本款由 2018 年 12 月 27 日第 514 号联邦法修订)

第 29.4 条　债券持有人代表的选举和变更

1. 如果出现以下情形,则债券发行人必须指定新的债券持有人代表,以代替原债券持有人代表:

(1)原债券持有人的代表不再符合本联邦法第 29.2 条规定的要求;

(2)其中一项破产程序是针对原债券持有人的代表提出的;

(3)旨在消除原债券持有人代表利益冲突的措施,并未在利益冲突出现之日起90天内将其消除;

(4)与原债券持有人代表的协议应债券持有人代表的请求而单方面终止。

2. 如果债券发行人在本条第1款规定的情况发生之日起60日内未确定新的债券持有人代表,则债券持有人有权要求提前清偿。在发行人披露关于确定债券持有人新代表的信息后,该权利终止。

3. 如果债券发行人确定或债券持有人大会选举了新的债券持有人代表,先前确定(选举)的债券持有人代表的权力应在对发行债券的决定与新的债券持有人代表的细节进行变更登记之日起失效。

(本款由2018年12月27日第514号联邦法修订)

第29.5条 根据债券持有人代表的要求提供债券持有人名单的特性

管理债券持有人登记簿的登记员和对债券权利进行集中登记的托管机构,有义务根据债权人的要求,向债券持有人代表提供行使债券权利的人员名单。为召开债券持有人大会以及履行本联邦法或其他联邦法规定的义务,该名单应免费提交给债券持有人代表,但在其他应当收取报酬的情况下,应当收取不超过编制和提交该名单费用的金额。

(本条由2015年6月29日第210号联邦法、2018年12月27日第514号联邦法修订)

第29.6条 债券持有人大会

1. 债券持有人应召开债券持有人大会,作出本联邦法第29.7条所规定问题的决定。

债券持有人大会的决定对所有债券持有人具有强制性,包括表决反对该决定或未参与表决的债券持有人。

2. 债券持有人大会为每期债券发行而召开。

3. 债券持有人大会的决定可以通过举行缺席表决来作出。

4. 根据发行人决定而筹备和召开债券持有人大会的费用由发行人承担。

5. 举行与核准权限和人员登记职能有关的债券持有人大会时,应释明与债券持有人(其代表)行使表决权有关的问题、确定既定的表决程序,以及债券持有人参与表决、计票和总结表决结果的权利、制定表决结果议定书,只能由执行债券集中登记的托管机构或其委托的登记员执行，对于其权利已被登记在登记簿中的债券，由管理此类债券持有人登记簿的登记员执行。

6. 失效。2014 年 7 月 21 日第 218 号联邦法修订。

（变更信息：见第 29.6 条第 6 款的内容）

7. 召集、筹备和举行债券持有人大会程序的附加要求由俄罗斯银行确定。

第 29.7 条　债券持有人大会的职权

1. 债券持有人大会有权就以下事项作出决定：

(1)发行人同意修改发行债券的决定、和（或）与发行债券有关的招股说明书、和（或）行使债券权利的程序，除非该决定由债券持有人代表根据本条第 6 款规定的债券持有人大会决定独立做出；

（本项由 2018 年 12 月 27 日第 514 号联邦法修订）

(2)在债券持有人有权要求提前清偿或购买债券的情况下，放弃该权利；

（本项由 2018 年 12 月 27 日第 514 号联邦法修订）

(3)如果债券持有人拥有对为发行人债券提供担保的人提出要求的权利，包括要求追偿所抵押财产的权利，以及放弃该权利；

(4)同意以债券持有人的名义签订关于终止对提供补偿和创新债券债务的协议，以及批准上述协议中的条款；

(5)放弃向债券发行人和（或）为发行人债券提供担保的人向法院起诉的权利，包括要求认定上述人员破产；

(6)授予债券持有人代表独立做出本条第 1 款所规定问题的决定权；

(7)选举债券持有人代表，包括替换之前由债券发行人任命的代表或替换之前由债券持有人大会选举的代表；

对债券发行人（或）对发行人债券提供抵押担保的人员行使（实现）诉权，包括认定上述人员破产；

(8)本联邦法或债券发行决定中规定的其他问题。

（本项由 2018 年 12 月 27 日第 514 号联邦法修订）

2. 债券持有人大会无权审议和决定本联邦法或债券发行决定所规定的不属于其职权范围的事项。

（本项由 2018 年 12 月 27 日第 514 号联邦法修订）

第 29.8 条　债券持有人大会决定

1. 在债券持有人大会上进行表决按照"一股一票"原则进行。在债券持有人大会上进行表决仅能通过选票形式进行。

2. 债券持有人大会的参加权应归属于在此类债券持有人大会召开之日前 7 个工作日结束时作为此类债券持有人的人员。

（本款由 2018 年 12 月 27 日第 514 号联邦法修订）

3. 所有相关发行的债券持有人都有权在债券持有人大会上对提交表决的事项进行表决，但以下人员除外：

(1) 债券权利按其购买程序或其他理由被转让的债券持有人；

(2) 作为发行人、控制人或其被控制组织人员的债券持有人；

(3) 作为控制债券发行人的受控组织人员的债券持有人。如果债券持有人是由俄罗斯联邦、俄罗斯联邦主体或市政控制的组织，则上述规定不适用；

(4) 作为为债券提供担保的人员以及控制其的人员和受其控制的组织人员的债券持有人；

(5) 债券持有人和受其控制的组织，就其作为债券持有人代表的选举事项表决。

不具有表决权的债券持有人有义务在股东大会召开 2 个工作日前通知管理债券持有人登记簿的登记员和对债券权利进行集中登记的托管机构关于其不具表决权事项的议程。

（本款由 2018 年 12 月 27 日第 514 号联邦法修订）

4. 关于表决事项的决定应以有权在债券持有人大会上表决的人的多数票通过，除非本联邦法规定该决定需要更多票数才能通过。关于本联邦法第 29.7 条第 1 款第 1 项至 4 项和第 6 款规定事项的决定，应由债券持有人大会以债券持有人大会上有权表决的人以四分之三以上的票数通过。

本联邦法第 29.7 条第 1 款第 5 项所规定事项的决定，应由债券持有人大会以债权人股东大会有表决权的人所拥有的票数的十分之九以上才能通过。

5. 如果债券持有人未参加债券持有人大会或表决反对通过侵害了其合法权益的决定，则债券持有人有权就债券持有人大会做出的违反本联邦法和俄罗斯联邦其他法规的决定向仲裁法院提起仲裁申请。债券持有人可以在了解或应该了解所做决定的三个月内向仲裁法院提交此类请求。如果债券持有人的表决不会影响表决结果，并且其违规行为并不严重，则仲裁法院应在考虑到所有情况后，撤销该裁决。

6. 通过在债券持有人大会上的表决（提交表决票），债券持有人被确认为不属于本条第 3 款第 1～5 项规定的人员，并有权对列入债券持有人大会议程的问题进行表决。参加债券持有人大会的债券持有人不应承担因其过失确认虚假信息而给债券发行人和（或）其他债券持有人造成的损失。

7. 如果相关发行的所有债券持有人都是本条第 3 款第 1～5 项规定的人员，则其都有权对上述事项进行表决。

（本款由 2018 年 12 月 27 日第 514 号联邦法修订）

第 29.9 条　筹备并召开债券持有人大会

1. 债券持有人大会由债券发行人作出决定，或根据债券持有人代表、或持有相关发售的至少 10% 流转债券的一个或多个人员的要求召开。

2. 如果要求召开债券持有人大会，则债券发行人必须在有关要求提出之日起 3 个工作日内做出实施或拒绝实施的决定。这种情况下债券持有人大会必须在相关要求提交之日起 20 个工作日内举行。

3. 如果在本条第 2 款规定的期限内，债券发行人未决定召开债券持有人大会或决定不召开，债券持有人大会可由要求召开的人员召开。此外，上述人员还拥有召开债券持有人大会的必要权限。

4. 如果债券发行人在本条第 2 款规定的期限内未决定召开债券持有人大会或无充分理由不决定召开债券持有人大会，则可向债券发行人追偿筹备和召开债券持有人大会的费用。

第 29.10 条　关于召开债券持有人大会的信息

1. 债券持有人大会的通知、提供给有权参加债券持有人大会的人的资料以及表决票（以下简称债券持有人大会的材料）必须在会议召开前 10 个工作日内发送。

2. 债券持有人大会的材料应以电子方式（以有电子签名文件的电子文件形式）发送给管理债券持有人登记簿的登记员或对债券权利进行集中登记的托管机构，前提是登记簿管理规则、或与登记员或委托托管人签订的协议中未规定其他发送材料的方式。

（本款由 2018 年 12 月 27 日第 514 号联邦法修订）

3. 管理债券持有人登记簿的登记员应以电子方式（以有电子签名的电子文件形式）向债券持有人大会和在登记簿中开立个人账户的此类债券的名义持有人发送材料，如果在登记簿中开立的其他账户中对债券享有权利的人员没有指定发送此类材料的其他方式，则登记员应以挂号信方式向前述人员发送信息。

（本款由 2018 年 12 月 27 日第 514 号联邦法修订）

4. 集中登记债券权利的托管机构以及债券名义持有人有义务按照托管协议规定的程序，将其收到的债券持有人大会的材料通知其委托托管人。

（本款由 2018 年 12 月 27 日第 514 号联邦法修订）

第 29.11 条　行使债券权利的人员

本章关于债券持有人的规定也适用于根据联邦法行使债券相关权利的人员。

第 29.12 条　由进行债券权利集中登记的托管机构代表债券持有人

（本条由 2018 年 12 月 27 日第 514 号联邦法修订）

1. 进行债券权利集中登记的托管机构，在债券持有人无代表的情况下，以债券持有人的名义对债券持有人和（或）为该债券提供担保的人员就前述债券的破产事宜提出要求，代表债券持有人和（或）为该债券提供担保的人员的利益，并根据俄罗斯联邦破产立法的规定，采取一切必要措施。上述权限应由托管机构根据债券发行决定行使，而无须委托，对前述债券权利的集中登记应由该托管机构行使。

2. 进行债券权利集中登记的托管机构在行使本条规定的权力时，应合理、真诚地为相关发行的债券持有人的利益行事。如果该托管机构不履行或不适当地履行这一职责，应债券持有人的要求，托管机构应承担因其过失造成的损失。

3. 在与债权人结算程序中收到的资金，应存放在负责集中登记债券权利的托管机构的特别托管账户中；如果托管机构为信贷机构，则将资金存放于该信贷机构的账户中。

4. 在竞争程序中，在与债权人的结算程序中收到的资金，应由实施债券权利集中登记的托管机构在其根据本联邦法第 8.7 条第 13 款第 3 项披露收到资金信息后的业务日结束时支付给其委托托管人。上述资金的支付应按照本联邦法第 8.7 条规定的关于集中权利登记债券的支付程序和时间限制进行。

第四章　有价证券市场信息保障

一、证券市场信息披露

（本章由 2010 年 10 月 4 日第 264 号联邦法修订）

第 30 条　信息披露

（本条由 2010 年 10 月 4 日第 264 号联邦法修订）

1. 证券市场的信息披露是指信息对于所有相关方而言均处于可获取状态，无论获取信息的目的为何，都需依照保证查找和获取此类信息的程序进行。在证券市场上披露的信息是指已被披露的信息。

2. 无须特权或者根据联邦法进行披露即可得到证券市场上的公开信息。

3. 自 2013 年 1 月 2 日起失效。2012 年 12 月 29 日第 282 号联邦法。

（见第 30 条第 3 款的内容）

（2013 年 12 月 21 日第 379 号修订第 4 条第 4 款，于 2014 年 1 月 1 日生效）

4. 如果登记了有价证券招股书（发行证券的招股书，登记为证券招股书的私有化方案），发行人必须以下列形式在证券市场上披露信息：

（本款由 2018 年 12 月 27 日第 514 号联邦法修订）

（1）有价证券发行人报告（发行人报告）；

（本项由 2018 年 12 月 27 日第 514 号联邦法修订）

（2）发行人的会计（财务）报表以及发行人的合并财务报表，或者，根据国际财务报告标准，如果发行人与其他组织共同行事，但并未设立集团，则以发行人财务报表的形式披露。本项关于合并财务报表和发行人财务报表的规

第四章 有价证券市场信息保障

定不适用于：

专门公司和抵押贷款代理人；

有价证券未被列入报价单的中小型企业；

只登记了股票招股说明书的发行人（登记为证券招股书的私有化方案），前提是上述股票禁止进行交易所交易；

（本项由2018年12月27日第514号联邦法修订）

（3）既有事实的相关信息。

（本项由2012年12月29日第282号联邦法修订）

如果证券招股说明书已经登记，发行人应根据本条第4款的规定根据以下情况在证券市场上披露信息：

（1）在开始配售有价证券之后，或者如果招股说明书有规定，则在证券登记之后；

（2）在登记了与配售此类证券无关的招股说明书后；

（3）在发行人获得公众地位，且登记招股说明书的决定生效后。

（本款由2018年12月27日第514号联邦法修订）

5. 已登记有价证券招股说明书的股票，因转换为面值更大或更小的交易而清偿，包括股票被合并或拆分，不会导致终止本条所规定的披露义务。

（本款由2012年12月29日第282号联邦法修订）

6. 发行人报告的形式（格式）和对其内容的要求由俄罗斯银行规范性法律文件予以规定。

（本款由2018年12月27日第514号联邦法修订）

7. 发行人最新完成的年度会计（财务）报表以及与这些报表有关的审计意见，以及发行人在报告年度的3个月、6个月和9个月的中期会计（财务）报表以及审计意见（如果对这些报表进行了审计），应按照俄罗斯银行规定程序和期限披露。

（本款由2018年12月27日第514号联邦法修订）

8. 在登记了担保证券招股说明书的情况下，发行人的报告中应包含关于所提供的担保和提供担保的人员信息。

（本款由2018年12月27日第514号联邦法修订）

9. 自2020年1月1日起失效。2018年12月27日第514号联邦法。

10. 如果根据发行人的章程(设立文件)有所规定,则发行人的报告应经发行人的授权机构批准,并由担任发行人独任执行机关职务(行使职能)的人员和(或)发行人的授权人签署,从而证明报告中信息的准确性。

(本款由2018年12月27日第514号联邦法修订)

11. 如果发行人的章程(设立文件)根据发行人的授权机构批准季度报告,签署季度报告的人员,批准了季度报告(表决批准)的人员,签署发行人财务报表(财务)或合并财务报表的人员,为发行人债券提供担保的人,以及编制关于这些报表的审计报告的审计组织,承担由发行人向投资者和(或)因披露(包括经其确认的季度报告中所包含的不准确、不完整和(或)误导性信息)而导致的证券持有人损失的连带责任。根据本条规定,损失赔偿期限从披露相关信息的日期开始计算。

(本款由2018年12月27日第514号联邦法修订)

12. 发行人最新完成的年度合并财务报表或年度财务报表,以及与之相关的审计报告,应在审计报告发布后的三天内披露,但不得晚于上述报告年度结束后的120天。发行人的中期合并财务报表或报告年度6个月的中期财务报表,以及根据审计准则对这些报表进行核查后编写的审计报告或其他文件,应在上述审计报告或其他文件编写后3天内披露,但不得迟于编制前述报表的报告期结束后60天。

(本款由2018年12月27日第514号联邦法修订)

13. 如果披露的信息可能对发行人证券的价格或报价产生重大影响,和(或)对任何合理和善意行事的利益方购买或转让发行人证券的决定产生重大影响,应被视为重大事实。

(本款由2018年12月27日第514号联邦法修订)

14. 根据证券的种类、类别(类型)、将证券列入报价单或在未列入报价单的情况下允许证券进行交易所交易、发行人的主要活动类别,以及根据发行人是小型企业还是中型企业,俄罗斯银行的规范性法律文件可以对发行人报告中的信息披露和重大事实声明的形式作出不同规定,包括对上述信息的构成和内容的规定。

第四章 有价证券市场信息保障

(本款由 2018 年 12 月 27 日第 514 号联邦法修订)

15. 除非本联邦法和其他联邦法律另有规定，本条第 7、10 和 12 项规定的文件副本，以及包含本条第 13 项规定的信息副本，应在任何有关各方的要求下，由发行人予以提供，提供上述文件所需的费用不得超过其制作成本。

(本款由 2018 年 12 月 27 日第 514 号联邦法修订)

16. 如果根据俄罗斯银行的规范性法律文件，应当披露与发行人授权机构在交易结束前作出的批准交易的决定有关的信息，以及有关该交易的条件以及相关交易方、受益方的信息，则不得在交易前披露关于此类交易的条款以及作为交易方的人、受益人员信息。

(本款由 2018 年 12 月 27 日第 514 号联邦法修订)

17. 根据本条规定需要进行披露的发行人，必须按照规定的程序和时间，以重大事实声明的形式，披露用于披露的信息和互联网上的页面（网站）地址的变化信息。

(本款由 2011 年 7 月 11 日第 200 号联邦法、2012 年 12 月 29 日第 282 号联邦法修订)

18. 为发行人的债券提供担保的人，需要向发行人提供：

(1)在与发行人签订的合同中规定的期限内，为编制发行人的报告，包括其会计(财务)报表、合并财务报表或财务报表提供必要的信息；

(2)与其业务活动有关的信息和其他需要以重大事实声明形式披露的信息，最迟不超过其知道或应该知道有关重大事实的次日。

(本款由 2018 年 12 月 27 日第 514 号联邦法修订)

18.1 为发行人的债券提供担保的人对投资者和(或)债券持有人因发行人披露该人提供的虚假、不完整和(或)误导性信息而造成的损失承担责任。

(本款由 2018 年 12 月 27 日第 514 号联邦法修订)

19. 持有需按照本条规定披露信息的发行人(股东)5%或以上的有表决权的股份(份额)的参与者，有义务提供有关控制其的主体(出现控制主体)的信息，或者提供不存在此类控制(实施控制的理由终止)的信息。

(本款由 2012 年 12 月 29 日第 282 号联邦法修订)

20. 能够直接或间接(通过其控制的人)获得或终止根据本条第 4 款规定披

露信息的发行人法定资本的表决权股份(股份)处置权的人员,有义务直接或间接、独立或联合与之订立财产委托管理合同、和(或)普通合伙合同、和(或)委托合同、和(或)股东协议、和(或)其他以发行人股票证明其权利为标的的协议的人,来处置构成该发行人法定资本的表决权的股份的特定数量的表决票,条件是该表决票的数量为构成该发行人法定资本的表决权股份(份额)的5％或已超过或少于5％、10％、15％、20％、25％、30％、50％、75％或95％。

(本款由2018年12月27日第514号联邦法修订)

21. 根据本条的规定监督发行机构的组织应进行信息披露,应披露该发行机构或外国发行机构股东获取的信息,以此来证明该发行机构股东的权利。如果发行机构近期以自己的名义完成了交易,但承担费用支出的账户和受益的账户不是发行机构和监督发行机构组织的,如果该组织是代理人、经销商、被委托管理组织或外国组织机构,其有权进行契合其个人权利开展相应的证券市场活动,被监督的发行机构可提出要求对有价证券的收益不进行公开。

(本款由2012年12月29日第282号联邦法修订)

22. 当发行人的股东或获得俄罗斯联邦《股份公司法》规定的相应权利的他人,知道并应当知道其投资完成时,法院判决发行机构强制召开内部股东全体大会产生法律强制力,并应提交获取权利的信息时,必须召开和进行该发行机构的内部全体股东大会,并且该会议的召开不得迟于第二天。

23. 本条第19～22款所述人员应通过向发行人和俄罗斯银行发送通知来提供本款规定的信息。该通知的形式(格式)和对其内容的要求以及发送的程序应由俄罗斯银行的规范性法律文件予以确定。

(本款由2013年7月23日第251号联邦法、2018年12月27日第514号联邦法修订)

24. 任何根据《联邦股份公司法》第11.1章关于收购在有组织市场上交易的发行证券的自愿(包括竞争性)或强制要约收购公共股份公司发行证券的人,应按照俄罗斯银行规范性法律文件规定程序进行披露:

(本款由2011年11月21日第327号联邦法、2013年7月23日第251号联邦法、2015年6月29日第210号联邦法修订)

第四章　有价证券市场信息保障

(1)关于向俄罗斯银行提交自愿性(包括竞争性)或强制性要约的信息。这些信息应在不晚于向俄罗斯银行发送相关要约的次日披露；

(本项由 2013 年 7 月 23 日第 251 号联邦法修订)

(2)自愿性(包括竞争性)或强制性要约的内容。相关提案应在不晚于俄罗斯银行规定的审议期限的次日披露，除非俄罗斯银行在上述期限内发布命令，使自愿性(包括竞争性)或强制性提案符合《俄罗斯联邦股份公司法》的要求。

(本款由 2013 年 7 月 23 日第 251 号联邦法修订)

25. 俄罗斯有价证券市场职业参与者须披露联邦法律和俄罗斯银行规范性法律文件中规定的既定信息。

(本项由 2013 年 7 月 23 日第 251 号联邦法修订)

26. 所披露信息的构成和范围，在证券市场上披露和展示的程序和期限，以及专业证券市场参与者提交报告的程序和期限，由俄罗斯银行的规范性法律文件予以规定。

(本款由 2012 年 12 月 29 日第 282 号联邦法、2013 年 7 月 23 日第 252 号联邦法修订)

27. 本条第 19 款和第 20 款规定的要求不适用于俄罗斯联邦中央银行，如果中央银行根据回购协议的第一部分获得相关数量的股份(表决权)，履行第二部分义务的期限不超过 30 天，并且第二部分在该协议规定的期限内履行。

(本款由 2012 年 7 月 28 日第 145 号联邦法修订)

28. 若有价证券，准许进行交易所交易的有价证券招股说明书尚未注册登记，则由交易组织者确定该有价证券发行机构披露信息的要求。

(本款由 2012 年 12 月 29 日第 282 号联邦法修订)

第 30.1 条　豁免发行人披露有价证券信息的义务

(本条由 2012 年 12 月 29 日第 282 号联邦法修订)

1. 根据俄罗斯银行的决定，属于股份公司的发行人可以根据本联邦法第 30 条的规定，解除披露信息的义务。该决定应由俄罗斯银行根据该发行人的申请(以下简称"发行人申请")作出，但须符合以下条件：

(本款由 2013 年 7 月 23 日第 251 号联邦法修订)

(1)发行机构根据本法规定采用联邦股份公司法规定的法定程序向俄罗斯

银行做出提出申请的决定；

(本项由 2013 年 7 月 23 日第 251 号联邦法修订)

(2)发行机构不属于上市公司的，除进行登记注册的有价证券招股说明书外，不存在其他发行的有价证券；

(本项由 2015 年 6 月 29 日第 210 号联邦法修订)

(3)如果发行人的股份和可转换为其股票的可发行证券，以及对于非上市股份公司的发行人而言，其任何可发行证券未被列入允许交易的证券名单中；

(本项由 2015 年 6 月 29 日第 210 号联邦法修订)

(4)自 2020 年 1 月 1 日起失效。——2018 年 12 月 27 日第 514 号联邦法；

(5)发行机构是上市公司，按照联邦公司法规定的法定程序，排除该发行机构是上市公司的指令，作出对该发行机构章程进行修订的决定。

(本项由 2015 年 6 月 29 日第 210 号联邦法修订)

2. 发行人的申请应附有确认符合本条第 1 项规定的条件的文件。发行人申请的形式(格式)和对其内容的要求，以及该申请所附的文件清单，应由俄罗斯银行规范性法律文件予以规定。

(本款由 2013 年 7 月 23 日第 251 号联邦法、2018 年 12 月 27 日第 514 号联邦法修订)

发行机构为上市公司的申请及其附属文件，在录入国家统一法人登记簿之前，应向俄罗斯银行提交该发行机构不包含上市公司内容的公司名称信息。

(本款由 2015 年 6 月 29 日第 210 号联邦法修订)

3. 俄罗斯银行在收到发行机构申请之日起 30 日内做出决定。俄罗斯银行有权根据本条第 2 款的规定核实发行人申请中所载信息及其所附文件的真实性。在此种情况下，本款规定的当前期限可以在核查期间中止，但不得超过 30 天。

(本款由 2013 年 7 月 23 日第 251 号联邦法修订)

俄罗斯银行豁免上市公司为发行机构进行信息披露的决定适用本法第 30 条规定的在录入国家统一法人登记簿之前，应向俄罗斯银行提交该发行机构不包含其上市公司内容的公司名称，并自提交信息将其录入国家统一法人登记簿时产生法律效力。根据本法第 30 条规定因其发行的其他有价证券的招股

第四章 有价证券市场信息保障

说明书不同于其股份,或该发行机构准许发行的有价证券不同于其股份,本款规定的俄罗斯银行做出的决定不会豁免发行机构披露信息的义务,并且为该交易顺利完成,交易方应向另一交易方提供有价证券招股说明书。

(本款由2015年6月29日第210号联邦法修订)

4. 本法第30条规定的拒绝豁免发行机构信息披露义务的理由是:

(本款由2012年12月29日第282号联邦法修订)

(1)不存在本法条第1款规定的法定条件;

(2)发现发行机构提交文件中包含虚假信息或不可靠信息;

(3)发行机构未提交所有证明其符合本法条第1款所述条件的所有必要文件;

(4)根据俄罗斯银行意见的规定,未在30日内提交本法第30条规定的获取豁免发行机构进行信息披露义务决定的必要文件。

(本项由2012年12月29日第282号联邦法,2013年7月23日第251号联邦法修订)

5. 发行机构申请的审查程序由俄罗斯银行规范性法律文件规定。

(本款由2013年7月23日第251号联邦法修订)

6. 发行人有权披露和(或)提供需要披露的信息,包括在证券的招股说明书中,以及(或)按照本联邦法的要求提供的信息,俄罗斯联邦政府有权决定在有限的范围和(或)程度上,确定发行人有权披露和(或)不披露的信息清单,以及信息不得披露和(或)不予提供的人员。如果发行人披露了按照本联邦法的要求应披露的信息,载于证券的招股说明书中,以及(或)提供了按照本联邦法的要求应提供的信息,在有限的范围和(或)金额内,该发行人有义务在规定的披露和(或)提供的时限内向俄罗斯银行发送包含未披露和(或)未提供信息的通知。该种通知的形式和提交程序应由俄罗斯银行的规范性法律文件予以规定。

(本款由2018年12月27日第514号联邦法修订)

第30.2条 职业投资人专用的金融衍生工具和有价证券信息

(本条由2010年10月4日第264号联邦法修订)

1. 如果向职业投资人披露有关证券的信息,包括共同基金的投资单位和金融衍生工具，则这些信息中必须表明是其专用于职业投资人。

（本款由 2012 年 12 月 29 日第 282 号联邦法修订）

2. 自 2013 年 1 月 2 日起失效。2012 年 12 月 29 日第 282 号联邦法。

3. 自 2013 年 1 月 2 日起失效。2012 年 12 月 29 日第 282 号联邦法。

4. 职业投资人专用的有价证券和金融衍生工具不对使用广告的无限制人员，以及非职业投资人提供。

5. 本条的规则也应适用于其配售和流转受到本联邦法规定的针对职业投资人证券配售和流转要求和限制的证券。

（本款由 2020 年 7 月 31 日第 306 号联邦法修订）

第 7.1 章　向中央托管机构提供信息

（本章由 2015 年 6 月 29 日第 210 号联邦法修订）

第 30.3 条　向中央托管机构提供有价证券信息

1. 如果发行人（有价证券义务人）开立了中央托管机构的名义持有人账户，或中央托管机构是进行证券权利集中登记的人员，则必须向中央托管构机构提供与证券权利相关的信息。上述信息的清单以及提供此类信息的程序，由俄罗斯银行的规范性法律文件予以规定。

（本款由 2018 年 12 月 27 日第 514 号联邦法修订）

2. 未在本条第 1 款中提及的发行机构（证券义务人）有权根据与中央托管机构签订的协议向中央托管机构提交本条第 1 款规定的信息。

3. 根据本条第 1 款和第 2 款规定在中央托管机构官方网站上获取中央托管机构的信息。中央托管机构保证获取特定信息途径，在与其委托人或其他人签署协议的基础上可复制转让信息。由俄罗斯银行规范性法律文件规定向中央托管机构提供该信息的程序要求。

4. 如果中央托管机构根据本条获得的信息与根据联邦法律和其他联邦法律披露的信息存在差异，应以中央托管机构获取的信息为准。根据俄罗斯联邦立法的规定，中央托管机构对歪曲发行人或证券负责人提供的信息承担责任。

5. 中央托管机构应自获取本条规定信息之日起五年内对其进行保存。

6. 本法所提供的信息以电子形式（以电子文件的形式）提交给中央托管机

构。在符合本条规定的情况下与中央存管机构进行电子互动时,中央托管机构应制定包括电子文件格式在内的互动规则。

二、使用证券市场的业务信息

(第31~33条)

失效。2010年7月27日第224号联邦法。

三、证券市场的广告

(第34~37条)

自2007年2月1日失效。2006年10月16日第160号联邦法。

第五章 有价证券市场的调整

一、有价证券市场调整的基础

第38条 有价证券市场调整的基础

国家调整有价证券市场的途径有：

制定有价证券市场职业参与者活动的强制性要求和标准；

(本项由2006年4月15日第51号联邦法修订)

对发行(增发)有价证券，有价证券招股说明书以及监督发行机构规范性法律文件遵守，对其债务进行国家登记；

(本项由2002年12月28日第185号联邦法修订)

对有价证券市场从业人员设立活动许可；

建立保护持有人权利和监督发行人和证券市场参加人遵守其权利行使规则的制度；

禁止并制止在有价证券市场中未获得相应许可的人员从事企业活动。

第2款自2008年1月1日起失效。2007年4月26日第63号联邦法。

二、有价证券市场职业参加人的活动规范

第39条 证券市场职业参与者的活动许可

(本条由2007年5月17日第83号联邦法修订)

1. 本联邦法第3~5条、第7条和第8条规定的证券市场上的所有类型的

第五章 有价证券市场的调整

专业活动都应在特别许可的基础上进行,即由俄罗斯银行颁发许可证,本条第 2 项和第 2.1 项规定的情况除外。

(本款由 2013 年 7 月 23 日第 251 号联邦法,2013 年 12 月 21 日第 379 号联邦法,2020 年 7 月 20 日第 212 号联邦法修订)

2. 依照本法和其他联邦法律的规定依法设立的国有企业享有在证券市场开展某种类型职业活动的权利。

根据联邦法《使用金融平台实施金融交易法》的规定,签订金融平台运营商服务协议的中央证券托管机构,可以根据与政府证券发行人的协议,利用金融平台实施此类证券的民事交易,而无须证券市场专业参与者持有开展经纪活动的许可。

(本款由 2020 年 7 月 20 日第 212 号联邦法修订)

3. 信贷机构和国有企业依照本法和其他联邦法律,以及根据俄罗斯联邦有价证券市场职业参与者相关规范性法律文件规定的法律程序在证券市场开展职业活动。

4. 俄罗斯银行颁发的执业许可的撤销、废除或终止,作为拒绝向信贷机构发放证券市场专业活动许可的额外依据。

5. 俄罗斯银行监督证券市场职业参与者所开展的活动。

(本款由 2013 年 7 月 23 日第 251 号联邦法修订)

6. 凭两种许可证可以允许证券市场职业参与者开展职业活动:有价证券市场职业参与者许可证和开展登记簿名录范围内活动的许可证。

根据许可证申请人的申请可颁发证券市场职业参与者的经纪活动许可证,仅限于签署以商品为基础的金融衍生工具合同。

代理活动的许可条件和要求取决于所开展的经纪活动业务和买卖行为。

(本款由 2011 年 11 月 21 日第 327 号联邦法修订)

7. 为经纪人和(或)证券交易商提供准备有价证券招股说明书服务的条件是个人资产和员工(职员)资格标准应符合俄罗斯银行规范性法律文件的规定。

(本款由 2013 年 7 月 23 日第 251 号联邦法修订)

8. 证券市场的职业参加人有义务确保向俄罗斯银行提供电子文件,以及确保按照俄罗斯银行的规定接收俄罗斯银行的电子文件。

(本款由 2015 年 7 月 13 日第 231 号联邦法修订)

第 39.1 条 撤销和中止许可行为

(本条由 2015 年 6 月 29 日第 210 号联邦法修订)

1. 俄罗斯银行在以下情形可撤销对有价证券市场职业参与者进行的许可：

(1)根据有价证券职业参与者撤销许可的书面声明；

(2)有价证券职业参与者 1 年之内数次违反与俄罗斯银行订立的合同；

(3)一年内有价证券市场职业参与者在有价证券市场专业活动中数次违反联邦法律和联邦法律许可的规范性法律文件规定，其提交报表的时间超出规定期限 15 个工作日；

(4)有价证券市场职业参与者 1 年内在有价证券市场专业活动中披露信息和提交文件数次违反联邦法律和联邦法律许可的规范性法律文件规定的要求；

(5)开展活动的人员持有有价证券市场从事专业活动许可证，但未在国家统一登记簿中录入地址(法人地址)；

(6)终止对专业证券市场参与者当前活动的管理(决定暂停或提前终止独任执行机关的权力，但未同时决定成立一个临时的或新的独任执行机关，或行使独任执行机关职能的人员缺席超过一个月而未任命另一个符合履行独任执行机关职能要求的人员)；

(7)1 年内有价证券市场职业参与者在有价证券市场专业活动中数次违反俄罗斯联邦有价证券或执行程序的立法；

(8)证券市场职业参与者多次违反 2001 年 8 月 7 日第 115 号联邦法《打击违法所得的合法化(洗钱)和资助恐怖主义》第 6 条、第 7 条(不包括第 3 款)、第 7.3 条和第 7.5 条规定的要求，以及(或)在 1 年内多次违反俄罗斯银行根据上述联邦法律颁布的规范性法律文件中的要求；

(本项由 2019 年 12 月 2 日第 394 号联邦法修订)

(9)1 年内有价证券市场职业参与者在有价证券市场专业活动中数次违反债权人登记的要求，以及违反 2002 年 10 月 26 日第 127 号联邦法《破产法》规定的其他要求；

(10)1 年内有价证券市场职业参与者在有价证券市场专业活动中数次违反联邦法《关于打击非法利用内幕信息和市场操纵以及个别俄罗斯联邦立法的修

订》以及与其相关的规范性法律文件中的要求；

（11）在有价证券市场专业活动中，1年内有价证券市场职业参与者数次违反活动要求或违反按照联邦法律要求必须在许可证的基础上方能开展活动的规定，包括代理转让、计票委托、代理发行、清偿和交换投资单位；

（12）证券市场的职业参与者违反2015年7月13日第223号联邦法《金融市场领域自律组织法》规定的对联合经纪人的金融市场领域自律组织、联合证券交易商的金融市场领域自律组织、联合外汇交易商的金融市场领域自律组织、联合受托人的金融市场领域自律组织、联合托管机构的金融市场领域自律组织、联合登记员的金融市场领域自律组织的强制成员要求；

（本项由2016年7月3日第292号联邦法修订）

（13）专业证券市场参与者未能遵守向其发出的与中止许可证相关命令中所规定的中止期限；

（14）登记员在1年内多次在登记股票发行时不遵守俄罗斯法律；

（本项由2018年12月27日第514号联邦法修订）

（15）证券市场的职业参与者因非法组织和（或）或进行赌博、违反俄罗斯联邦关于博彩的立法以及未经俄罗斯联邦政府许可进行赌博而违反俄罗斯联邦关于博彩的立法，从而被追究行政责任。

（本项由2019年12月27日第495号联邦法修订）

2. 在以下情形下，有价证券市场从事专业活动的许可应由俄罗斯银行宣布无效：

（1）有价证券职业参与者宣布破产；

（2）作为专业证券市场参与者的信贷机构被撤销开展银行业务的许可；

（3）有价证券市场的职业参与者在有价证券市场上从事相应类型的专业活动未超过18个月。

3. 俄罗斯银行按照俄罗斯银行规范性法律文件规定的法定程序撤销有价证券市场从事专业活动的许可。

根据本条第2款第1项规定，俄罗斯银行应当自法院收到有价证券职业参与者宣布破产决定之日起45天内撤销该许可，根据本条第2款第2项规定，自收到银行撤销银行业务实施许可决定之日起45天内撤销该许可。在本条第 1 款第 2 项至第 12 项和第 2 款第 3 项规定的情形下，俄罗斯银行应在俄罗斯银行规范性法律文件规定的期限内做出撤销许可的决定。

（本项由 2019 年 12 月 27 日第 495 号联邦法修订）

在撤销有价证券市场专业活动施行许可的决定中应写明其撤销理由。

4. 只有有价证券市场职业参与者在有价证券市场从事专业活动时未履行合同规定义务时，才可以根据有价证券市场职业参与者的申请做出撤销有价证券市场从事专业活动许可证的决定。

5. 根据俄罗斯联邦法律规定递交撤销有价证券市场从事专业活动许可的声明不会终止俄罗斯银行撤销其他种类许可的权利。

6. 申请撤销从事有价证券市场专业活动的许可应附有由俄罗斯银行规范性法律文件所规定详尽清单中的文件。撤销许可的申请由执行有价证券市场职业参与者独任执行机关职权的人员签署，以确认为撤销许可而提交的文件中所包含信息的真实性。

7. 证券市场职业参与者提交的撤销证券市场专业活动许可证的文件应按照俄罗斯银行规定的程序提交，并由俄罗斯银行予以审查。如果提交的文件不完整，俄罗斯银行应在收到撤销许可的申请后 10 个工作日内将前述文件退回给证券市场职业参与者。

8. 根据有价证券市场职业参与者撤销许可的申请而撤销从事有价证券市场专业活动许可的决定，不能在俄罗斯银行审核期间做出。

9. 根据有价证券市场职业参与者撤销许可的申请或拒绝撤销的决定，应自收到撤销许可所需必要文件之日起 30 日内作出撤销有价证券市场从事专业活动许可的决定。

10. 俄罗斯银行应根据俄罗斯银行规范性法律文件规定的程序，最迟在作出撤销证券市场专业活动许可决定的次日，向证券市场职业参与者发出通知。关于撤销许可证的决定的信息应不迟于作出决定的次日在俄罗斯银行"互联网"上的官方网站上披露。

11. 有价证券市场职业参与者应自收到撤销在有价证券市场从事专业活动许可决定的通知之日起终止在有价证券市场上从事专业活动，但与本联邦法第 39.2 条第 1 款所规定义务的中止相关的活动除外。

第五章 有价证券市场的调整

12. 自俄罗斯银行做出撤销有价证券市场从事专业活动许可的决定之日起，该决定生效并可在俄罗斯银行披露做出相应决定的信息之日起 30 日内提起诉讼。对俄罗斯银行的上述决定提出的诉讼，以及为所采取的保全措施，不应中止俄罗斯银行上述决定的效力。

13. 在以下情形中从事有价证券市场专业活动的许可证效力终止：

(1)若撤销许可的决定中未规定更晚的期限，则自收到撤销许可决定之日起终止；

(2)自被录入国家统一法人登记簿的证券市场职业参与者清算记录之日起终止；

(3)自有价证券市场职业参与者因重组而终止活动之日起终止(除以转换形式进行重组)。

14. 根据本条第 1 款第 7 项至 12 项的规定，俄罗斯银行可中止在有价证券市场从事专业活动的许可效力。有价证券市场从事专业活动许可的中止与恢复程序由俄罗斯银行规范性法律文件予以规定。

第 39.2 条　被撤销在证券市场从事专业活动许可的机构应履行的义务

(本条由 2015 年 6 月 29 日第 210 号联邦法修订)

1. 在俄罗斯银行做出撤销有价证券市场从事专业活动许可决定的情况下，收到该决定的组织必须终止在有价证券市场从事相应活动的义务(包括向客户返还财产)，俄罗斯银行做出决定的时间不得超过一年。托管协议的相关义务根据俄罗斯银行规范性法律文件的规定终止。为客户利益而进行的交易义务需遵循以下要求终止：

(1)在交易所交易中进行的交易义务应以相关的交易所交易规则和(或)清算规则规定的方式终止；

(2)在交易所交易中进行的交易义务应按照与客户签订的相关合同规定的方式终止，如果不存在此类合同，则按照与客户商定的方式终止。

2. 在履行本条第 1 款规定的义务时，已决定撤销许可的组织应按照俄罗斯银行规定的程序、方式和时间向俄罗斯银行提交报告。若该组织严重违反本条规定的义务，俄罗斯银行有权根据本条第 1 款向法院提出对该组织的清算请求。

第11.1章 托管活动的调整

（本章由2015年12月30日第430号联邦法修订）

第39.3条 托管活动的调整

1. 俄罗斯银行按照本联邦法和根据其颁布的俄罗斯银行规范性法律文件所规定程序，为托管活动颁发许可。

2. 为获得托管活动的许可，申请人应向俄罗斯银行提交以下文件：

(1)以俄罗斯银行规范性法律文件规定的格式提交的许可颁发申请；

(2)以俄罗斯银行规范性法律文件规定的格式提交的为开展托管活动而创建的部门机构领导者职位候选人的履历表，以及本联邦法和俄罗斯银行规范性法律文件规定的该候选人相关文件的复印件；

(3)托管活动的实施规范；

(4)开展托管活动的风险管理条例；

(5)托管机构的内部审计与内部监督规范；

(6)托管机构披露信息规范；

(7)托管服务客户委员会条例；

(8)确认为发放许可证而支付国家税费的文件。

3. 在决定颁发开展托管活动许可时，由俄罗斯银行核实许可申请人是否符合本法及俄罗斯银行规范性法律文件规定的要求，以及核实为开展托管活动而创建的部门机构领导者职位候选人所提供文件中的信息是否符合本法的规定。

4. 俄罗斯银行做出颁发或拒绝颁发开展托管活动许可决定的期限不得超过自收到本条第2款规定提交文件之日起2个月。

5. 在以下情形拒绝颁发开展托管活动的许可：

(1)许可申请人不符合本法第3.2章及俄罗斯银行规范性法律文件的规定；

(2)许可申请人提交的文件中包含不完整或虚假信息；

(3)为开展托管活动而创建的部门机构领导者职位候选人不符合本法所规定的要求。

6. 自对许可申请人做出决定之日起5个工作日内，俄罗斯银行应对发放开展托管活动许可或包含拒绝理由在内的拒绝发放开展托管活动许可进行通知。被颁发托管活动许可的托管机构信息和其在互联网上的官方网址由俄罗斯银行在其官方网站上公布。

第39.4条 撤销托管机构业务许可

1. 撤销托管机构业务许可的依据是：

(1)撤销托管机构许可的书面申请；

(2)1年内数次违反本法和俄罗斯银行规范性法律文件规定的托管机构要求，以及托管机构于1年内数次在规定期限内未完成俄罗斯银行的指令；

(3)自俄罗斯银行决定发放开展托管活动许可之日起1年内未开展托管活动；

(4)其开展相应类型活动的许可在证券交易所、清算机构、中央托管机构、不具有中央托管机构地位的结算托管机构处被撤销；

(5)有价证券市场职业参与者开展托管活动的许可效力中止。

2. 自俄罗斯银行收到存在撤销许可依据的真实信息之日起15个工作日内，俄罗斯银行应做出撤销开展托管活动许可的决定。

在决定中应指明撤销开展托管活动许可的依据。

3. 俄罗斯银行撤销开展托管活动许可的决定自其通过之日起生效。俄罗斯银行应在不晚于其作出相应决定的第二天通知被撤销开展托管活动许可的人员。

4. 在俄罗斯银行官方网站上公布撤销开展托管活动许可的通知时间不得晚于俄罗斯银行作出撤销开展托管活动许可的第二个工作日。

5. 自俄罗斯银行做出撤销开展托管活动许可的决定之日起，被撤销开展托管活动许可的人员无权开展托管活动。

6. 自俄罗斯银行做出撤销开展托管活动许可的决定之日起三个月内，被撤销开展托管活动许可的人员应从其商业名称中删除"托管机构"一词以及由此派生的文字和与该词构成的词组。

7. 自俄罗斯银行在其官方网站上发布撤销开展托管活动许可决定的通知之日起30天内，被撤销许可的人员有权就这一决定向仲裁法院起诉。

8. 被撤销开展托管活动许可的人员就俄罗斯银行撤销其开展托管活动许

可的决定提起上诉并采取诉讼保全措施，不会中止俄罗斯银行已作出决定的效力。

9. 被撤销开展托管活动许可的人员按照俄罗斯银行规范性法律文件中所规定程序向俄罗斯银行转交合同登记簿，其期限不得晚于被撤销开展托管活动许可的第二天。

10. 在撤销开展托管活动许可的情况下，被撤销开展托管活动许可的人员应按俄罗斯银行规范性法律文件规定程序将合同登记簿全数转让给其他托管机构。

11. 在托管机构缺少的情况下，俄罗斯银行规范性法律文件中所规定的人员应按照俄罗斯银行规范性法律文件规定的程序、内容、格式和期限向俄罗斯银行提供本联邦法第15.5条第1款规定的合同信息，以及本法第15.8条第2款规定的包含总协议（单一协议）的信息。

三、俄罗斯银行的职能与权限

（本章由2013年7月23日第251号联邦法修订）

第40—41条　自2013年9月1日失效。2013年7月23日第251号联邦法。

第42条　俄罗斯银行的职能

（本条由2002年12月28日第185号联邦法、2013年7月23日第251号联邦法修订）

俄罗斯银行：

（本款由2002年12月28日第185号联邦法、2013年7月23日第251号联邦法修订）

(1)与俄罗斯联邦政府协作制定金融市场发展的主要方向；

（本款由2013年7月23日第251号联邦法修订）

(2)确立发行有价证券，有价证券招股说明书，包括外国人在俄罗斯领土

第五章　有价证券市场的调整

上发行有价证券，发行（增发）有价证券的国家登记程序，发行（增发）有价证券国家登记的统计报表和有价证券招股说明书登记的标准；

（本款由 2018 年 12 月 27 日第 514 号联邦法修订）

（3）制定并确立有价证券市场上开展专业活动的要求，包括有价证券市场上从事专业活动的种类及交易性质；

（本款由 2015 年 6 月 29 日第 210 号联邦法修订）

（4）规定发行人和有价证券市场职业参与人有价证券交易，有价证券公开流转、报价和挂牌上市，结算托管活动，进行登记和编写报表的规则（注销会计登记和会计财务报表）的强制性要求；

（本项由 2011 年 11 月 30 日第 362 号联邦法、2018 年 12 月 27 日第 514 号联邦法修订）

（5）对登记注册程序制定强制性要求；

（6）规定程序并执行有价证券市场上各类专业活动的许可，以及中止和撤销违反俄联邦立法要求的许可；

（7）失效。2006 年 4 月 15 日第 51 号联邦法；

（8）失效。2016 年 7 月 3 日第 292 号联邦法；

①制定符合本法和其他联邦法律规定的有价证券市场专业人员自律组织文件的批准程序和批准期限；

（本款由 2014 年 12 月 29 日第 460 号联邦法修订）

②立联合证券交易商在金融市场领域建立自律组织赔偿基金的程序和支付赔偿程序；

（本款由 2014 年 12 月 29 日第 460 号联邦法修订）

（9）确定投资活动、非国有养老基金、保险基金及其管理的公司，以及有价证券市场上保险组织和外国保险组织的活动标准；

（本款由 2021 年 7 月 2 日第 343 号联邦法修订）

（10）监督发行人、有价证券市场职业参与人、金融市场自律组织对俄联邦有价证券的立法要求和对俄罗斯银行规定的标准和要求的履行情况；

（本项由 2002 年 12 月 28 日第 185 号联邦法、2013 年 7 月 23 日第 251 号联邦法、2016 年 7 月 3 日第 292 号联邦法修订）

(11)为了抵制犯罪收益的合法化(洗钱),监督有价证券市场职业参与人所实施的金钱或其他财产交易的程序;

(本项由2001年8月7日第121号联邦法修订)

(12)保障有价证券发行的登记信息,有价证券市场职业参与人和有价证券市场监管信息的披露;

规定本联邦法第27.1-1条第4款所规定的发行人通知程序和形式要求;

(本项由2018年4月18日第75号联邦法修订)

(13)确保建立公开的有价证券市场信息披露制度;

(14)制定对有价证券市场职业参与人员工的评级要求,对有价证券市场职业参与人独任执行机关的职能行使的专业经验要求。在有价证券市场专业活动领域制定公民等级资格考试规划,为公民在有价证券市场专业活动领域的等级认定考试并颁发等级资格证书的组织确定任命条件和程序,任命该组织并确定等级证书的格式和类型,并将定级人员列入清单;

(本项由2006年4月15日第51号联邦法修订)

(15)拟定有关有价证券市场管理及对其职业参与人活动许可,金融市场领域的自律组织以及核查正在实施的有价证券规范性法律文件问题的规范性法律文件;

(本项由2013年7月23日第251号联邦法、2016年7月3日第292号联邦法修订)

(16)对调整有价证券市场功能的相关俄罗斯联邦立法的适用提出建议;

(本项由2002年12月28日第185号联邦法修订)

(17)自2013年9月1日失效。2013年7月23日第251号联邦法;

(18)确定登记程序并管理包含有价证券市场进行专业活动许可颁发、中止和撤销等信息的登记簿。俄罗斯银行在做出有关决定或收到作为更改依据文件后的3天内应更改证券市场职业参与人的登记簿;

(本项由2005年12月27日第194号联邦法、2013年7月23日第251号联邦法修订)

(19)制定并确定在俄罗斯联邦登记的发行人所发行的有价证券在俄罗斯联邦境外的主要配售和流转程序;

第五章　有价证券市场的调整

(本项由 2020 年 7 月 31 日第 306 号联邦法修订)

(20)向仲裁法院起诉清算违反俄罗斯联邦有价证券立法规定的法人,并对违反俄罗斯联邦立法规定的违法者实施制裁;

(21)监督已发行有价证券的流转总量;

(22)已被删除。2002 年 12 月 28 日第 185 号联邦法;

(23)管理有价证券登记簿,确定管理和提供其中所载信息的程序;

(本项由 2018 年 12 月 27 日第 514 号联邦法修订)

(24)自 2013 年 9 月 1 日失效。2013 年 7 月 23 日第 251 号联邦法;

(25)确定将组织纳入专业公司管理公司登记簿的程序,以及从指定登记簿中将组织排除的程序,监督专业公司管理公司的活动并核实该项活动,指导其消除违反本联邦法和俄罗斯银行法规的行为;

(本项由 2013 年 12 月 31 日第 379 号联邦法修订)

(26)规定原始债权人承担不低于专业金融公司(除发行债券专业金融公司以外)提供抵押担保债券债务总额 20%风险责任的方式和方法,若后续债权人让渡专业金融公司债务的金钱给付请求,对于后续债权人而言金钱给付请求为债券抵押客体;

(本项由 2013 年 12 月 21 日第 379 号联邦法修订)

(27)规定项目融资金融公司质押原始债权人债务的债券不得少于债务总额的百分之十,其债务的货币债权为债券抵押的客体,若最后将对项目融资金融公司的货币债权出让给后续的债权人所承担风险的方式和方法的要求;

(本项由 2013 年 12 月 21 日第 379 号联邦法修订)

(28)确定就债务的金钱请求不能为债券质押抵押的客体;

(本项由 2013 年 12 月 21 日第 379 号联邦法修订)

(29)确定非个人独资企业的自然人向证券交易商提供担保的数额;

(本项由 2014 年 12 月 29 日第 460 号联邦法修订)

(30)确定证券交易商在不同条件下与不同中央交易对手无权进行交易的时间段;

(本项由 2014 年 12 月 29 日第 460 号联邦法修订)

(31)制定披露证券交易商活动信息的程序和披露信息清单;

(本项由 2014 年 12 月 29 日第 460 号联邦法补充)

(32)考虑到交易的性质和规模以及所承担的风险组合水平,对专业证券市场参与者的内部控制体系提出要求,包括对组织和实施内部控制和内部审计的要求;

(本项由 2019 年 12 月 27 日第 454 号联邦法修订)

(33)自 2021 年 1 月 1 日起失效。2019 年 12 月 27 日第 454 号联邦法;

(34)根据活动类型和交易性质制定有价证券市场职业参与人的风险管理体系要求;

(本项由 2015 年 6 月 29 日第 460 号联邦法修订)

(35)制定许可托管机构活动,以及取消托管机构活动许可的条件和程序;

(本项由 2015 年 12 月 30 日第 430 号联邦法修订)

(36)颁发执行托管机构活动的许可,以及若发生本法规定事由取消指定的许可;

(本项由 2015 年 12 月 30 日第 430 号联邦法修订)

(37)管理托管机构活动,包括制定托管机构活动实施的要求;

(本项由 2015 年 12 月 30 日第 430 号联邦法修订)

(38)建立登记托管机构的程序并进行登记;

(本项由 2015 年 12 月 30 日第 430 号联邦法修订)

(39)批准实施投资咨询活动的要求;

(本项由 2017 年 12 月 20 日第 397 号联邦法修订)

(40)履行本联邦法规定的其他职能。

(本项由 2018 年 12 月 27 日第 514 号联邦法修订)

第 43 条自 2013 年 9 月 1 日期失效。2013 年 7 月 23 日第 251 号联邦法。

第 44 条　俄罗斯银行的权利

(本条由 2002 年 12 月 28 日第 185 号联邦法、2013 年 7 月 23 日第 251 号联邦法修订)

俄罗斯银行有权:

(1)失效。2006 年 4 月 15 日第 51 号联邦法;

(2)按俄罗斯银行规定对有价证券和金融衍生工具进行审定并确定其

第五章 有价证券市场的调整

类型；

（本项由2009年11月25日第281号联邦法、2013年7月23日第251号联邦法修订）

（3）制定有价证券市场职业参与人的强制性规定，制定除信贷机构外，对包括交易量在内的自有资金充足性标准和旨在降低有价证券市场专业活动风险的其他要求，以及制定有价证券市场职业参与人排除提供配售有价证券招股说明书服务和安排发行有价证券利益冲突的强制性要求；

（本项由2002年12月28日第185号联邦法、2005年12月27日第194号联邦法、2014年12月29日第460号联邦法、2019年12月27日第454号联邦法修订）

（4）若1年内有价证券市场职业参与人数次违反俄罗斯联邦涉及有价证券和（或）执行程序方面的立法，应作出中止或撤销从事有价证券市场专业活动许可的决定；

（本项由2002年12月28日第185号联邦法、2007年10月2日第225号联邦法、2013年7月23日第251号联邦法修订）

若专业证券市场参与者在一年内多次违反2001年8月7日第115号联邦法《关于打击犯罪所得的非法化（洗钱）和资助恐怖主义》第6条、第7条（第3条除外）、第7.3条和第7条规定的要求和（或）在一年内多次违反俄罗斯银行根据该联邦法发布的规定的情况下，决定撤销在证券市场上开展专业活动的许可；

（本项由2019年12月2日第394号联邦法修订）

若1年内有价证券市场职业参与人在履行清单中职能时数次违反债权人的要求，以及2002年10月26日第127号联邦法《破产法》（以下简称破产法）的规定，应做出中止或撤销从事有价证券市场专业活动许可的决定；

（本项由2010年4月22日第65号联邦法修订）

若1年期间内有价证券市场职业参与人数次违反《打击非法利用内幕信息和市场操纵法》，根据规范性法律文件及本法规定的具体内容，应作出中止或撤销从事有价证券市场专业化动许可的决定；

（本项由2010年7月27日第224号联邦法修订）

若1年期间内有价证券市场职业参与人数次违反根据联邦法律规定颁发的有价证券市场职业参与人业务活动许可的要求，包括履行转让代理职能、计算佣金的职能、发行代理人职能、赎回和交换投资股份的职能，应作出中止或撤销从事有价证券市场专业活动许可的决定；

（本项由2011年12月7日第415号联邦法修订）

若证券交易商违反自律组织成员的强制性要求，应作出撤销在有价证券市场实施专业活动许可的决定；

（本项由2014年12月29日第460号联邦法修订）

根据本联邦法规定的理由，作出撤销在证券市场开展专业活动许可的决定；

（本项由2015年6月29日第210号联邦法修订）

在联邦法律规定的情况下，任命临时管理机构；

(5)失效。2016年7月3日第292号联邦法；

（本款由2016年7月3日第292号修订）

(6)规定对发行人、管理公司的专业公司、有价证券市场职业参与人，以及其他被许可组织的审查程序。核查发行者、专业团体的管理公司、有价证券市场职业参与人，以及其他被许可的组织独自或共同开展活动对联邦权力执行机关规定的履行情况，委任和撤回监督该组织活动的检查员；

（本项由2002年12月28日第185号联邦法、2013年7月23日第251号联邦法、2013年12月21日第379号联邦法、2016年7月3日第292号联邦法修订）

收集和储存包括个人数据在内的信息，以执行本联邦法规定的职能；

（本项由2005年12月27日第194号联邦法修订）

(7)对发行人、有价证券市场职业参与人和托管机构，以及联合经纪人的金融市场领域自律组织、联合证券交易商的金融市场领域自律组织、联合受托人的金融市场领域自律、联合托管机构的金融市场领域自律组织、联合登记员的金融市场领域自律组织下达强制执行的指令，以及要求其提供俄罗斯银行权限内相关事项的文件；

（本项由2015年12月30日第430号联邦法修订）

第五章 有价证券市场的调整

(8)向执法机构提交材料并就俄罗斯银行管辖范围内的相关事项(包括无效的有价证券交易)向法院(仲裁法院)提起仲裁申请;

(本项由2002年12月28日第185号联邦法、2013年7月23日第251号联邦法修订)

按《破产法》规定提交有价证券市场职业参与人破产的申请;

(本项由2020年4月22日第65号联邦法修订)

(9)自2013年9月1日起失效。2013年7月23日第251号联邦法。

(10)在自然人数次或严重违反俄罗斯联邦有价证券立法的情况下撤销其等级资格评定证书;

(本项由2002年12月28日第185号联邦法修订)

(11)失效。2006年4月15日第51号联邦法;

(12)自2013年9月1日起失效。2013年7月23日第251号联邦法;

(本款由2009年11月25日第28号补充,2010年1月1日起生效,其生效时间不得早于正式公布之日起一个月)

(13)规定对职业投资人的有价证券和金融衍生工具,以及金融衍生工具协议签订和有价证券交易相关信息提交程序的要求;

(本项由2009年11月25日第28号联邦法修订)

制定非由职业投资人持有的结构性债券的标准;

(本项由2018年4月18日第75号联邦法修订)

(14)规定对有价证券、商品和指标的要求,由价格变化确定金融衍生工具协议各方的义务;

(本项由2009年11月25日第281号联邦法修订)

(15)确立有价证券市场职业参与人在证券市场从事专业活动签订并执行回购协议时要遵守的要求,只有专业投资人才能达成回购协议的条件;

(本项由2009年11月25日第281号联邦法修订)

(16)为证券市场职业参与者制定软件和硬件要求,包括根据本联邦法用于信息披露的电子信息格式,证券和衍生金融工具的信息,用于投资咨询服务的电子计算机的软件要求;

(本项由2014年12月29日第460号联邦法、2017年12月20日第397

号联邦法修订）

(17)若俄罗斯银行规范性法律文件规定披露信息的程序，规定通过信息办事处的信息披露的展开途径，确定委任的条件和程序，委任撤回的程序，委任信息办事处的权利和义务，规定被委任信息办事处与俄罗斯银行数据交换的程序，则可委派进行有价证券和其他金融工具信息披露活动的信息办事处；

（本项由 2012 年 12 月 29 日第 282 号联邦法、2013 年 7 月 23 日第 251 号联邦法修订）

(18)自 2013 年 9 月 1 日失效。2013 年 7 月 23 日第 251 号联邦法；

(19)失效。2016 年 7 月 3 日第 292 号联邦法；

(20)制定证券市场职业参与者与证券市场专业活动相关的内部文件要求，或根据对证券市场职业参与者和（或）其活动的要求制定要求。

（本项由 2019 年 12 月 27 日第 454 号联邦法修订）

第 44.1 条 俄罗斯银行的义务

（本条由 2013 年 7 月 23 日第 251 号联邦法修订）

在行使本法赋予的权限时，俄罗斯银行应：

（本款由 2013 年 7 月 23 日第 251 号联邦法修订）

(1)确保向其提供信息的机密性，但根据俄罗斯联邦立法规定披露的有价证券信息除外；

(2)指导发行人、有价证券市场职业参与人对提交信息进行问询并对获取询问信息的必要性说明理由；

（本款由 2016 年 7 月 3 日第 292 号联邦法修订）

(3)对有价证券市场职业参与人的文件进行登记，根据本联邦法规定的登记时间应自取得相应文件之日起不晚于 30 天内履行或如果本法未规定登记的其他期限，应在规定期限内提供拒绝登记的理由；

（本款由 2016 年 7 月 3 日第 292 号联邦法修订）

(4)对法人、公民提出俄罗斯银行权限范围内的问题应在 30 日内做出合理答复。

（本款由 2013 年 7 月 23 日第 251 号联邦法修订）

第 45 条　失效。2004 年 6 月 29 日第 58 号联邦法。

第 46 条　失效。2013 年 9 月 1 日起失效。2013 年 7 月 23 日第 251 号联邦法。

第 47 条　失效。2004 年 6 月 29 日第 58 号联邦法。

四、金融市场领域的自律组织

（本章由 2016 年 7 月 3 日第 292 号联邦法修订）

第 48 条　失效。2016 年 7 月 3 日第 292 号联邦法。

第 49 条　金融市场领域自律组织的权利

（本条由 2016 年 7 月 3 日第 292 号修订）

金融市场领域的自律组织有权：

（本款由 2016 年 7 月 3 日第 292 号联邦法修订）

第 2 项至第 4 项失效。2016 年 7 月 3 日第 292 号联邦法。

对在有价证券市场从事专业活动的公民进行培训，若金融市场领域的自律组织获得俄罗斯银行的许可，可举办资格考试并颁发等级资格证书。

（本项由 2006 年 4 月 15 日第 51 号联邦法、2013 年 7 月 23 日第 251 号联邦法、2016 年 7 月 3 日第 292 号联邦法修订）

第 50 条　失效。2016 年 7 月 3 日第 292 号联邦法。

第 50.1 条　联合外汇交易商的金融市场领域自律组织

（本条由 2016 年 7 月 3 日第 292 号联邦法修订）

1. 联合外汇交易商的金融市场领域自律组织的成员只能是联合外汇交易商。

（本款由 2016 年 7 月 3 日第 292 号联邦法修订）

2. 金融市场领域内联合外汇交易商的自律组织应设立赔偿基金，在外汇交易商破产的情况下，向非个人独资企业支付赔偿金。在外汇交易商加入自律组织时以货币形式向赔偿基金缴纳 200 万卢布。

(本条由 2016 年 7 月 3 日第 292 号联邦法修订)

3. 联合外汇交易商金融市场领域内的自律组织的文件必须规定该自律组织有义务执行本联邦法规定的赔偿性支付,就该自律组织的成员而言,其按照该自律组织的义务承担附加责任。

4. 失效。2016 年 7 月 3 日第 292 号联邦法。

5. 失效。2016 年 7 月 3 日第 292 号联邦法。

6. 失效。2016 年 7 月 3 日第 292 号联邦法。

7. 失效。2016 年 7 月 3 日第 292 号联邦法。

8. 失效。2016 年 7 月 3 日第 292 号联邦法。

9. 联合外汇交易商的金融市场领域自律组织的财务活动应进行强制性年度审计。审计机关与联合外汇交易商的金融市场领域自律组织合同条件应获得联合外汇交易商的金融市场领域自律组织全体成员大会,或联合外汇交易商的金融市场领域自律组织对该合议机构赔偿文件的常设合议管理机构的通过。

(本项由 2016 年 7 月 3 日第 292 号联邦法修订)

联合外汇交易商的金融市场领域自律组织的年度报告和年度财务报表在获得该组织的全体成员大会通过后,应发布到其互联网的官方网站上。

10. 失效。2016 年 7 月 3 日第 292 号联邦法。

11. 失效。2016 年 7 月 3 日第 292 号联邦法。

12. 联合外汇交易商的金融市场领域自律组织,共同制定接受证券交易商金融服务的自然人和法人权益保护的主要规章草案,规章内容包括根据 2015 年 7 月 13 日第 223 号联邦法《金融市场领域自律组织法》规定的支付赔偿条件和程序,以及赔偿资金不足的情况下接受金融服务自然人和法人赔偿顺序的相关程序,支付赔偿的其他依据,外汇交易商广告服务规则,联合外汇交易商的金融市场领域自律组织就专家评估出台相关办法说明,并实施 2015 年 7 月 13 日第 223 号联邦法《金融市场领域自律组织法》、俄罗斯银行规范性法律文件以及金融市场领域自律组织章程中规定的其他职能。

(本款由 2016 年 7 月 3 日第 292 号联邦法修订)

13. 联合外汇交易商的金融市场领域自律组织建立面向全体自律组织成员

第五章　有价证券市场的调整

的结构部门，以监督非个人独资企业的自然人外汇交易商名义账户中的资产数额与该外汇交易商个人资产数额的比例。

14. 失效。2016 年 7 月 3 日第 292 号联邦法。

15. 失效。2016 年 7 月 3 日第 292 号联邦法。

第 50.2 条　外汇交易商的自律组织赔偿基金

（本条由 2014 年 12 月 29 日第 460 号联邦法修订）

1. 外汇交易商的自律组织旨在赔偿由于外汇交易商破产对非个人独资企业的自然人所造成的损失。

2. 外汇交易商的自律组织赔偿基金（以下简称"赔偿基金"）根据本法第 50.1 条第 2 款规定的数额标准，以及其他自律组织规定和未被联邦法律所禁止的规定建立外汇交易商自律组织每个成员的缴费账户。禁止免除外汇交易商自律组织成员的缴纳出资义务或禁止以列入自律组织要求的方式终止该项义务。

3. 赔偿基金与外汇交易商自律组织的其他财产相分离。赔偿基金的资产应存放在不受外汇交易商控制与监督的信贷机构的外汇交易商公开独立的账户中。赔偿基金不能用于偿还外汇交易商自律组织以及该组织成员的债款。

4. 俄罗斯银行规范性法律文件规定建立赔偿基金的程序以及支付赔偿的条件和程序要求。

5. 向金融市场领域联合外汇交易商的自律组织申请联合外汇交易商的个人，有权就外汇交易商破产而造成的实际损失而获得全部或部分赔偿金，赔偿金根据仲裁法院宣布认定联合外汇交易商的金融市场领域自律组织的成员破产和对其启动破产程序的裁决予以支付。支付赔偿金的程序和条件，包括在赔偿基金不足的情况下满足该要求的优先顺序，以及支付此种款项的其他额外理由，由保护接受外汇交易商所提供金融服务的个人和法人利益的基本标准规定。该规定由联合外汇交易商的金融市场领域自律组织制定，根据 2015 年 7 月 13 日第 223 号联邦法《金融市场领域自律组织法》的要求批准。

（本款由 2016 年 7 月 3 日第 292 号联邦法修订）

6. 外汇交易商的自律组织支付赔偿前应公布支付赔偿信息，非个人独资企业的自然人有权提出获取赔偿金程序的要求，并且该要求的提出不得迟于上述消息发布之日起2个月。

支付赔偿金的依据为仲裁法院根据2002年10月26日第127号联邦法《破产法》的规定所作的关于认定外汇交易商破产以及启动破产程序的决定。

7. 为获得赔偿金，非个人独资企业的个人必须向外汇交易商自律组织提交一份根据2002年10月26日第127号联邦法《破产法》的规定所做的关于认定外汇交易商破产以及启动破产程序的决定副本，以及一份关于待满足的申请数额、构成和优先权的申请登记簿副本。

如果本条款中规定的自然人申请在债权人申请登记簿关闭后提出，则不向该自然人支付任何赔偿金。

赔偿金数额由外汇交易商自律组织根据债权人的申请登记簿确定，金额中不包括利润损失、违约金（罚款、罚金）和其他金融制裁形式的损失。如果在适用破产程序的过程中，非个人独资企业的个人申请已得到满足或部分满足，则赔偿金的数额应减少至其所获得满足的数额。支付赔偿金程序由俄罗斯银行规定。

8. 若非个人独资企业的自然人有权获得两个甚至更多的外汇交易商的赔偿金，则应当对每个外汇交易商的赔偿金额进行单独计算和支付。

9. 根据外汇交易商应缴数额和法院认定外汇交易商破产的决定生效日期之前产生的自然人申请数额之间的差额，确定外汇交易商对非个人独资企业的自然人债权人的赔偿金金额。

10. 已获得赔偿金的非个人独资企业自然人所获得的对被认定为破产的外汇交易商的索赔权在已支付的赔偿金范围内转移给已支付赔偿金的外汇交易商自律组织。

第六章 附 则

第51条 违反俄罗斯联邦有价证券立法的责任

1. 违反本联邦法和其他俄罗斯联邦有价证券立法的人员应按照俄罗斯联邦民事、行政或刑事立法规定的情形和程序承担责任。

因违反俄罗斯联邦有价证券立法所造成的损害应按照俄罗斯联邦民事立法所规定程序进行赔偿。

发行人对投资人和(或)有价证券持有人由于披露或提供包括有价证券招股说明书的虚假、不完全和(或)误导性错误信息造成的损失承担责任。

(本款由2010年10月4日第264号联邦法修订)

2. 失效。2010年7月27日第224号联邦法。

3. 如果发行有价证券的发行人违反俄罗斯联邦有价证券相关立法的要求,俄罗斯银行有权:

(本款由2013年7月23日第251号联邦法修订)

采取措施中止后续发行的违反俄罗斯联邦有价证券立法的有价证券配售;

在官方网站上发布违反俄罗斯联邦有关有价证券立法要求的有价证券发行的实际情况,以及由于违法发行而中止该有价证券配售的依据;

(本项由2020年10月4日第264号联邦法、2011年7月11日第200号联邦法修订)

以书面形式通知消除违法行为的必要性,以及消除违法行为的法定期限;

如果发行机构中的职权人员行为违反了俄罗斯联邦有价证券相关立法,则应向检察机关发送有价证券发行事实的核查材料;

如果发行人已消除对俄罗斯证券立法中有关证券发行要求的违法行为,则书面通知发行人允许其进一步配售证券;

根据本联邦法第 26 条规定的理由向仲裁法院起诉将发行(增发)的有价证券发行认定为无效。

(本项由 2009 年 7 月 19 日第 205 号联邦法修订)

4. 发行机构中的职权人员决定发行未通过国家登记的证券(根据本联邦法不需要进行国家登记的有价证券的发行(增发)除外),应根据俄罗斯联邦立法承担行政或刑事责任。

(本款由 2005 年 6 月 18 日第 61 号联邦法修订)

如果根据本联邦法,证券招股说明书、有价证券发行(增发)结果报告、发行人报告和其他发行人文件由不担任(行使职能)发行人独任执行机关的人员签署,而是由上述文件签署之日担任(行使职能)发行人独任执行机关人员的授权人员签署,则发行人与签署或批准上述文件(通过表决批准上述文件)的人员共同对其中所含信息的完整性和准确性承担本联邦法规定的责任,以及俄罗斯联邦法律规定的行政或刑事责任。

(本款由 2018 年 12 月 27 日第 514 号联邦法修订)

5. 失效。2009 年 7 月 19 日第 205 号联邦法。

6. 未经许可从事有价证券市场上的专业活动属于非法行为。

个人从事未经许可的活动,俄罗斯银行有权:

(本项由 2002 年 12 月 28 日第 185 号联邦法、2013 年 7 月 23 日第 251 号联邦法修订)

采取措施中止未经许可的活动;

在互联网的官方网站上发布有价证券市场参与者未经许可开展活动的事件信息;

(本项由 2010 年 10 月 4 日第 264 号联邦法、2011 年 7 月 11 日第 200 号联邦法修订)

以书面形式通知获得许可的必要性,以及获得该许可的法定期限;

向法院寄送未经许可而开展的活动案例核查资料,以便根据俄罗斯联邦立法对有价证券市场参与者中的职权人员适用承担行政责任的措施;

向仲裁法院提出因在有价证券市场进行无许可活动而获取国家收入的赔偿仲裁申请;

向仲裁法院提出针对未在法定期限内获得许可的有价证券市场参与者的强制清算的仲裁申请。

(1)外国组织及其代表机构和分支机构无权开展非信贷金融机构的活动(保险业立法规定的保险业务主体的活动除外),包括有价证券市场职业参与者的活动,以及在俄罗斯联邦境内的金融市场中向非特定人群提供外国组织的服务,或向在俄罗斯联邦境内的非特定人群发布有关此类组织和(或)有关其活动的信息。

(本款由2021年7月2日第343号联邦法修订)

(2)禁止在包括互联网在内的信息和电信网络中发布以无权侵占或为无权侵占财产,包括为侵占金融工具创造条件为目的的信息,证券市场职业参与者的客户和(或)其他非信贷金融机构的客户可以访问证券市场职业参与者的信息系统和其他非信贷金融机构的信息系统,上述客户所使用的软件通过连接信息和电信网络"互联网"的技术设备而使用,并用于向证券市场和(或)其他非信贷金融机构的职业参与者提供(接收)服务,此外,该软件也连接包含通过信息和电信网络,包括互联网而获得的上述客户信息的数据库。

(本款由2021年7月1日第250号联邦法修订)

7.自2007年1月1日起失效。2006年10月16日第160号联邦法。

8.有价证券市场职业参与者和有价证券发行人有权向仲裁法院就俄罗斯银行所实施的根据俄罗斯联邦有价证券相关立法消除违规行为,以及按照俄罗斯联邦立法规定的程序采取责任措施等行为对其提起仲裁申请。

(本款由2002年12月28日第185号联邦法、2006年4月15日第51号联邦法、2013年7月23日第251号联邦法修订)

被取消有价证券市场职业活动资格认定的自然人有权按照俄罗斯联邦立法规定的程序就俄罗斯银行的相关决定向仲裁法院提起仲裁申请。

(本项由2013年7月23日第251号联邦法修订)

9.在本联邦法和其他俄罗斯联邦有价证券相关立法文件规定的情形下,有价证券市场参与者应按照俄罗斯联邦民事立法规定的质押、担保和其他手段确保证券持有人的财产利益,以及对与有价证券市场活动相关的财产和风险进行投保。

第51.1条　外国发行人的有价证券在俄罗斯联邦境内的配售和流转特性

(本条由2009年4月28日第74号联邦法修订)

1. 外国发行人的有价证券作为外国金融工具在俄罗斯联邦境内获准流转，应同时遵守以下条件：

(1)授予外国金融工具以有价证券国际识别码(编号)和金融工具国际分类码；

(2)作为有价证券的外国金融工具应按照俄罗斯银行规定的程序进行分类。

(本项由2013年7月23日第251号联邦法修订)

2. 外国发行人的有价证券在符合本条第1款所规定要求的情况下被允许在俄罗斯联邦境内配售和(或)公开流转，其发行人应当是：

(1)其设立地点位于经济合作与发展组织(OECD)成员国、反洗钱金融行动特别工作组(FATF)成员国或观察国、和(或)欧洲委员会打击洗钱和资助恐怖主义措施评估专家委员会成员国，以及(或)欧亚经济联盟成员国的外国组织；

(本项由2012年12月29日第282号联邦法、2018年12月27日第514号联邦法修订)

(2)其设立地点位于俄罗斯银行与其所在国家相应机关(相应组织)签订协作程序协议的外国组织；

(本项由2013年7月23日第251号联邦法修订)

(3)被列入俄罗斯联邦政府所批准清单的国际金融组织；

(4)本款第1、2项规定的域外国家，以及前述域外国家中拥有独立民事权利能力的中央银行和行政区域单位；

(本项由2012年12月29日第282号联邦法修订)

(5)其有价证券已通过符合本条第4款规定标准在外国交易所上市程序的外国组织。

(本项由2013年7月23日第251号联邦法、2014年7月21日第218号联邦法、2018年12月27日第514号联邦法修订)

3. 除非本法另有规定，外国发行人的有价证券可以在其招股说明书在俄罗斯银行登记的条件下,根据俄罗斯银行的决定,在俄罗斯联邦境内配售。

(本款由 2012 年 12 月 29 日第 282 号联邦法、2013 年 7 月 23 日第 251 号联邦法、2014 年 7 月 21 日第 218 号联邦法修订)

4. 除非本条另有规定,符合本条第 1 款和第 2 款要求的外国发行人的有价证券,可以根据俄罗斯证券交易所关于其开展交易所交易的决定,在俄罗斯联邦境内公开流转。如果上述有价证券(国际金融组织的有价证券除外)已经通过了符合俄罗斯银行规范性法律文件所规定标准的在外国交易所上市的程序,则俄罗斯交易所可以作出上述决定。如果俄罗斯联邦立法或外国法律未规定任何关于上述有价证券的销售限制,则此类证券不得在俄罗斯联邦境内向不特定人群销售。俄罗斯银行根据其制定的程序,制作符合本款所规定标准的外国交易所清单,并将其公布于"互联网"的官方网站上。

(本款由 2014 年 7 月 21 日第 218 号联邦法、2018 年 12 月 27 日第 514 号联邦法修订)

根据本条第 1 款和第 2 款规定,外国发行人的有价证券可根据俄罗斯交易组织人关于允许开展交易所交易的决定,在未与上述发行人订立合同的情况下,在俄罗斯境内进行公开流转,该外国发行人的有价证券需同时符合以下条件:

(1)在其未列入报价清单时允许开展交易所交易;

(2)已启动或完成符合本条第 4 款规定标准的列入外国交易所有价证券主要(官方)清单的程序。俄罗斯银行有权确定外国交易所主要(官方)清单,其中包括允许有价证券在俄罗斯联邦境内公开流转的条件;

(本项由 2018 年 12 月 27 日第 514 号联邦法修订)

(3)根据其有价证券被列入主要(官方)清单的外国交易所的要求,使用俄语或金融市场使用的外语披露有关有价证券及其发行人的信息;

(4)外国法律未规定在俄罗斯境内禁止向不特定人群销售的限制;

(5)根据外国发行人的不同证券种类,遵循本条第 4.1.1、4.1.3 款所规定的要求。

(本项由 2020 年 7 月 31 日第 306 号联邦法修订)

4.1.1 外国发行人的股份或证明该股份权利的另一外国发行人的有价证

券可根据本条第 4.1 条获准公开流转，前提是此类股票至少在一个指数清单中，指数清单由俄罗斯银行董事会规定，或者由与交易参与者订立合同的交易组织者规定，根据所签订的合同，上述参与者在合同所规定的条件下，承担维持价格、需求、供应和（或）外国发行人的股票或证明该股票权利的有价证券交易量的义务。

（本款由 2021 年 6 月 11 日第 192 号联邦法修订）

4.1.2 根据对有价证券负有义务的人员的准据法，与集体投资计划证券相关的有价证券可以根据本条第 4.1 款公开流转，如果此类有价证券的收益根据其招股说明书（规则）由以下指标之一确定：

（1）本条第 4.1.1 款所规定清单中的指数；

（2）任何外国基金指数，前提是交易组织者与交易参与者订立关于参与者承担维持价格、需求、供应和（或）上述有价证券交易量的义务的合同；

（3）俄罗斯银行董事会制定的清单中包含的指标数值的变化，前提是交易组织者与交易参与者订立关于参与者承担维持价格、需求、供应和（或）上述有价证券交易量义务的合同。

（本款由 2021 年 6 月 11 日第 192 号联邦法修订）

4.1.2.1 除本条第 4.1.2 款规定的要求外，俄罗斯银行有权制定允许此类有价证券进入交易所交易的附加要求。

（本款由 2021 年 6 月 11 日第 192 号联邦法修订）

4.1.3 外国发行人的债券可根据本条第 4.1 款获准公开流转，前提是此类债券规定其持有人有权在规定期限内获得其票面价值和收入。

（本款由 2020 年 7 月 31 日第 306 号联邦法修订）

4.2 如果上述债券符合俄罗斯银行规范性法律文件中的要求，则无须遵守本条第 4.1 款第 2 项规定的外国发行人债券公开流转的要求。

（本款由 2014 年 7 月 21 日第 218 号联邦法修订）

4.3 本条第 4 款和第 21 款规定的要求不适用于根据本条第 4.1 款和第 4.2 款规定允许外国有价证券进入交易所交易的情形。

本法规定的关于有价证券发行人信息披露的条款不适用于根据本条第 4.1 款和 4.2 款允许进入交易所交易的有价证券的外国发行人。

第六章 附 则

(本款由 2014 年 7 月 21 日第 218 号联邦法修订)

4.4 根据本条第 4.1 款获准公开流转的有价证券,在 6 个月内不符合本条第 4.1、4.1.3 款所规定条件的,应当根据本条第 14 款第 2 项的规定退市或进入交易所交易。

(本款由 2020 年 7 月 31 日第 306 号联邦法修订)

5. 若国际金融组织有价证券的发行条件中不包含对其在不特定人群范围中流转和(或)该有价证券向不特定人群销售的限制,则允许其在俄罗斯联邦境内公开配售和(或)公开流转。

如果国际金融组织的债券符合本联邦法第 20.1 条第 2 款第 1 至第 3 项规定的条件,其可以根据俄罗斯交易所关于准许其进入交易所交易的决定,在俄罗斯联邦境内公开发行和(或)公开流转。国际金融组织的债券不需要登记招股说明书,也不适用本联邦法关于有价证券发行人信息披露的要求。在这种情形下,国际金融组织按照准许其债券进入交易所交易的俄罗斯交易所制定规则中所规定的范围和程序披露信息。

(本款由 2018 年 12 月 27 日第 514 号联邦法修订)

6. 本条第 4 款规定的允许外国发行人的有价证券进入交易所交易的决定由俄罗斯交易所作出,同时需向该交易所提供外国发行人的证券招股说明书(招股说明书草案)和俄罗斯交易所规则中所规定清单中的文件。上述规则必须符合俄罗斯银行规范性法律文件的要求。外国发行人的证券招股说明书(招股说明书草案)可以用金融市场上使用的外文编写。

如果俄罗斯交易所决定在外国发行人有价证券在外国交易所上市程序完成之前准许其进入交易所交易,则上述有价证券不得在该外国交易所开始交易之日之前开展此类交易。

(本款由 2014 年 7 月 21 日第 218 号联邦法修订)

7. 基于本条第 4 款或第 4.1 款所规定的决定,准许不能在俄罗斯联邦境内公开流转的外国发行人有价证券在俄罗斯公开配售和(或)公开流转的决定,由俄罗斯银行作出,作出该决定的条件为俄罗斯联邦立法或外国法律未对上述有价证券规定禁止其向俄罗斯联邦境内的不特定人群销售证券的限制。

(本款由 2018 年 12 月 27 日第 514 号联邦法修订)

8. 本条第 7 款所规定的决定由俄罗斯银行根据俄罗斯交易所的申请作出，该申请中应当包含准许外国发行人的有价证券在俄罗斯联邦境内公开发行和（或）公开流转的理由。上述申请提交时应附有外国发行人有价证券的招股说明书和俄罗斯银行确定清单中的其他文件。俄罗斯银行有权对本款规定的理由提出要求。

（本款由 2011 年 11 月 21 日第 327 号联邦法、2013 年 7 月 23 日第 251 号联邦法、2018 年 12 月 27 日第 514 号联邦法修订）

9. 外国发行人的有价证券在俄罗斯联邦境内公开配售和（或）公开流转时，由法人托管机构根据俄罗斯联邦立法和俄罗斯银行规范性法律文件所规定的相应要求，对上述有价证券的权利进行登记。

（本款由 2013 年 7 月 23 日第 251 号联邦法修订）

外国发行人的有价证券权利仅由在进行权利登记的符合俄罗斯银行规范性法律文件所规定标准的外国组织中为他人利益行使人员开立账户的托管机构中进行登记，或者，如果登记簿为根据与外国人所签订的协议进行管理，则由在股东登记簿或其他有价证券持有人登记簿中作为为他人利益行事的主体进行登记的托管人登记权利。俄罗斯银行按照其规定的程序编制符合本款所规定标准的外国组织名单，并将其发布在"互联网"的官方网站上。

（本项由 2018 年 8 月 3 日第 295 号联邦法、2018 年 12 月 27 日第 514 号联邦法修订）

外国发行人的有价证券权利登记也可由在本款第 2 项所规定的托管机构中开立名义持有人托管账户的托管机构进行。

（本项由 2018 年 8 月 3 日第 295 号联邦法修订）

登记外国发行人的实物有价证券权利的托管机构，必须保证集中保管上述有价证券证书，根据外国发行人准据法而此类保管在俄罗斯联邦境外进行的情形除外。

10. 根据俄罗斯银行的决定，外国发行人可能在以下情形中止在俄罗斯联邦境内配售有价证券：

（本项由 2013 年 7 月 23 日第 251 号联邦法修订）

（1）在外国发行人的有价证券招股说明书（以及其他准许在俄罗斯联邦境

第六章 附则

内配售有价证券的文件)中发现虚假、不完整和(或)误导投资者的错误信息;

(2)外国发行人和(或)某个(些)签署外国发行人有价证券招股说明书的经纪人违反本法和根据本法通过的俄罗斯银行规范性法律文件的相关要求;

(本项由 2013 年 7 月 23 日第 251 号联邦法修订)

(3)俄罗斯银行收到外国发行人法人登记所在国的有价证券市场调整机构(组织)提交的相应资料。

(本项由 2013 年 7 月 23 日第 251 号联邦法修订)

11. 在违规行为消除或导致配售有价证券行为中止的理由消除的情形下,外国发行人根据俄罗斯银行的决定恢复在俄罗斯联邦境内有价证券配售。

(本款由 2013 年 7 月 23 日第 251 号联邦法修订)

12. 在俄罗斯联邦境内完成有价证券的配售后,外国发行人有义务向俄罗斯银行发送关于完成上述配售的通知。

(本项由 2013 年 7 月 23 日第 251 号联邦法、2020 年 7 月 21 日第 306 号联邦法修订)

在外国发行人的有价证券未全额支付时,其在俄罗斯联邦境内配售过程中由第一持有人获得的证券权利禁止转让,如果配售外国发行人的股票以及可转换为未通过公开认购方式配售的外国发行人的股票,其未以货币或证券支付的方式进入交易所交易,也未获准进入交易所交易,则应当在向俄罗斯银行发送配售结果之前禁止转让权利。

(本项由 2018 年 12 月 27 日第 514 号联邦法修订)

13. 根据本条规定不能在俄罗斯联邦境内公开配售和(或)流转的外国发行人的有价证券,以及不属于有价证券的外国金融工具,不能以任何形式和任何方式,包括使用广告,向不特定人群以及非职业投资人销售。

14. 如果根据本条规定,外国发行人的有价证券禁止在俄罗斯联邦境内公开配售和(或)公开流转,则此类有价证券的配售和流转适用本联邦法规定的职业投资人专用证券的配售和流转的要求和限制。

(本款由 2020 年 7 月 31 日第 306 号联邦法修订)

本款第 1 项规定的以及符合本条第 1 款和第 2 款要求的外国发行人的有价证券,在其根据俄罗斯交易所的规则在职业投资人之间配售和(或)流转时,可以被准许进入俄罗斯交易所参与交易所交易。外国发行人无须登记和提交此类有价证券的招股说明书。上述交易所交易并非有价证券的公开配售和(或)公开流转。

(本项由2018年12月27日第514号联邦法、2020年7月31日第306号联邦法修订)

15. 被准许公开发行的外国发行人的有价证券招股说明书必须用俄语或用金融市场中使用的外语编制，如果外国发行人的有价证券被准许在俄罗斯联邦境内配售，则其招股说明书应当用俄语编制。外国发行人的有价证券招股说明书必须由符合俄罗斯银行规范性法律文件要求的外国发行人或经纪人签署。

(本款由2014年7月21日第218号联邦法修订)

16. 以外国发行人名义签署外国发行人证券招股说明书的人员，应根据该外国发行人的准据法确定，如果该发行人是国际金融组织，则根据该国际金融组织的设立文件确定。

17. 如果外国发行人的有价证券为获准流转而将其招股说明书提交申请以下事项，则该外国发行人的有价证券招股说明书应当由外国发行人签署：

(1)准许在俄罗斯联邦境内配售，包括公开配售；

(2)如果上述有价证券未在外国组织的(受调整的)金融市场流转，则准许在俄罗斯联邦境内公开流转。

18. 签署外国发行人有价证券招股说明书的经纪人据此确认：

(1)外国发行人的有价证券在俄罗斯联邦境内不存在流转限制以及其符合本条第1款所规定的要求，如果该有价证券在俄罗斯联邦境内公开配售和(或)公开流转，则需确认其是否符合本条第2、4、5款所规定的要求；

(2)外国发行人的证券招股说明书所载信息与外国组织的(受调整的)金融市场中所披露和提供的信息，以及(或)由外国发行人提供的信息是否相符。

(本款由2014年7月21日第218号修订)

19. 签署有价证券招股说明书的外国发行人确认其证券招股说明书中所包含信息的准确性和完整性，如果上述发行人的有价证券被俄罗斯交易所准许基于与该发行人所签订的协议而进入交易所交易，则该发行人还应对因招股

第六章 附 则

说明书中的虚假、不完整和(或)误导性信息给投资者造成的损失承担责任。

(本款由2012年12月29日第282号联邦法、2014年7月21日第218号联邦法修订)

20. 签署外国发行人有价证券招股说明书的经纪人对由于其确认的有价证券招股说明书中包含的虚假、不完整或误导投资者的错误信息而对投资者造成的损失承担责任。经纪人确认的有价证券招股说明书中包含虚假、不完整或误导投资者的错误信息为中止经纪活动许可的依据,若在1年内多次作出上述违规行为,则该行为被视为撤销该经纪活动许可的依据。

(本款由2012年12月29日第282号联邦法修订)

21. 根据本条第4款规定获准进入交易所交易的外国发行人的有价证券信息的披露,应由俄罗斯交易所通过"互联网"上的官方网站发布信息来进行,信息披露的范围根据上述有价证券通过上市程序(或正在办理)所在的外国交易所的规则予以确定,或通过前述"互联网"上的官方网站发布网页索引,根据外国交易所的规则在网页上披露关于外国发行人发行有价证券的信息,如果该外国交易所的规则未规定信息披露程序,则依照该外国交易所准据法的规定进行披露。

根据本条第7款获准进行进入交易所交易的外国发行人的有价证券的信息,应在本联邦法和俄罗斯银行根据其通过的规范性法律文件所规定的范围内披露。

(本款由2018年12月27日第514号联邦法修订)

(1)交易组织者根据本条4.1款的规定,做出准许外国发行人的有价证券进入交易所交易的决定,应当符合以下条件:

①在不迟于有价证券开始进入交易所交易之日:

根据外国交易所的规则对有价证券及其发行人的信息进行披露,其中应当包含被列入主要(官方)名单中的上述有价证券;

披露外国发行人在完成上市程序后所披露的每份年报所载信息,如自完成上市程序后已超过3年,则披露最近3年的信息;

②不迟于交易所交易开始后一天向外国发行人发送关于作出本条第4.1款所规定决定通知。

(本款由 2018 年 12 月 27 日第 514 号联邦法修订)

(2) 做出本条第 4.1 款规定的准许未被列入外国交易所主要(官方)名单中的外国发行人债券进入交易所交易这一决定的交易组织者,有义务在"互联网"的官方网站上披露俄罗斯银行规范性法律文件所规定的信息。披露该信息的程序和期限由俄罗斯银行规范性法律文件确定。

(本款由 2014 年 7 月 21 日第 218 号联邦法修订)

(3) 做出本条第 4.1 款规定的准许外国有价证券进入交易所交易这一决定的交易组织者,有义务向任何利害关系人保障其永久访问有关外国发行人及其所发行有价证券的信息,此类信息根据外国交易所的规则披露,其披露内容包含被列入主要(官方)名单的有价证券。

(本款由 2018 年 12 月 27 日第 514 号联邦法修订)

(4) 根据本条第 21.1 款和 21.3 款披露信息或访问已披露信息,可以通过"互联网"上的俄罗斯交易组织者官方网站发布信息,或在该网站上发布外国发行人的网页索引、或根据外国交易所规则在"互联网"上发布其他网页索引信息来进行,关于外国发行人及其发行的有价证券的信息,应当以金融市场上使用的外文进行披露。

(本款由 2018 年 12 月 27 日第 514 号联邦法修订)

(5) 做出准许外国有价证券进行交易这一决定的俄罗斯交易组织者,有义务在其"互联网"的官方网站上公布关于购买外国有价证券风险的通知,如果该有价证券根据本条第 4.1 款的规定获准配售和流转,则还应公布关于准许该有价证券在未与其发行人签订协议的情况下进入交易所交易的相关风险的通知。

(本款由 2014 年 7 月 21 日第 218 号联邦法修订)

(6) 根据本条第 4 款或第 4.1 款的规定,在不迟于外国有价证券进入交易所交易开始之日做出关于准许其配售和流转这一决定的交易组织者,有义务在其"互联网"的官方网站上以俄语发布外国发行人有价证券招股说明书的内容简介(以下简称"招股说明书简介")。招股说明书的简介必须以非职业投资人可以理解的语言编写。俄罗斯银行有权规定招股说明书简介及其格式的相关要求。

(本款由 2015 年 6 月 29 日第 210 号联邦法、2018 年 12 月 27 日第 514 号联邦法修订)

(7)做出关于准许外国有价证券进入交易所交易这一决定的外国交易组织者,就未根据本条第 21.1 款和 21.3 款披露信息或保障所披露信息的访问权限而给投资者造成的损失承担责任,以及就未根据本条第 21.5 款的规定履行风险通知义务而给投资者造成的损失承担责任。

(本款由 2014 年 7 月 21 日第 218 号联邦法修订)

(8)联合经纪人的金融市场领域的自律组织,以及联合受托人的金融市场领域的自律组织,应当为经纪人和受托人制定作为其金融服务接受者的自然人和法人的权益保护基本标准,包括通知客户关于购买外国有价证券风险的规则。

(本款由 2016 年 7 月 3 日第 292 号联邦法修订)

22. 如果针对职业投资人的外国发行人的有价证券获准在俄罗斯交易所进行交易,则根据本条第 14 款的规定,此类信息的披露范围应由俄罗斯交易所确定。

(本款由 2012 年 12 月 29 日第 282 号联邦法修订)

23. 外国发行人的有价证券招股说明书要求、该证券登记和(或)获准在俄罗斯交易所进行交易所需提供的文件、上述文件中所包含信息的要求、信息的编制,以及披露该有价证券及其发行人相关信息的范围和程序,应结合俄罗斯银行规范性法律文件中的规定进行制定。

(本款由 2011 年 11 月 21 日第 327 号联邦法、2013 年 7 月 23 日第 251 号联邦法修订)

第 2 项自 2013 年 1 月 2 日起失效。2012 年 12 月 29 日第 282 号联邦法。

24. 本联邦法第 19 条所规定的条款不适用于外国发行人的有价证券在俄罗斯联邦境内配售的情形。

25. 票据、支票、提单以及其他根据外国法而制作的类似有价证券,无须遵守本条第 1 款规定的条件即可在俄罗斯联邦境内流转。

26. 符合本条第 1 款要求的外国发行人的有价证券(以下简称"所销售的有价证券"),可以通过其他外国发行人的能够证明所销售证券权利的有价证券的许可而获准配售，包括在俄罗斯联邦境内公开配售以及(或)公开流转，其条件是外国发行人的能够证明所销售证券权利的有价证券符合本条第 1 款和第 2 款的要求。外国发行人的能够证明所销售证券权利有价证券的上市协议，与所销售证券的外国发行人签订。

(本款由 2014 年 7 月 21 日第 218 号联邦法、2021 年 6 月 11 日第 192 号联邦法修订)

证明所销售的有价证券权利的外国发行人有价证券招股说明书，应当由所销售证券的外国发行人签署，也可以由证明所销售证券权利的有价证券的外国发行人签署。如果所销售证券的外国发行人签署了能够证明所销售证券权利的另一个外国发行人的有价证券招股说明书，则本条第 19 款所规定的规则对上述外国发行人同样适用。能够证明所销售证券权利的外国发行人的有价证券招股说明书，以及其他登记有价证券招股说明书和(或)许可有价证券在俄罗斯联邦境内配售和(或)公开流转所需的文件均针对所销售证券及其发行人编制，其中包含与能够证明所销售证券权利的有价证券相关的信息。

(本款由 2021 年 6 月 11 日第 192 号联邦法修订)

27. 证明所销售的俄罗斯发行人或外国发行人证券权利的外国发行人有价证券，如果其获准在俄罗斯交易所进行交易，则该有价证券可以在未与相应有价证券发行人签订协议的情况下，以及未提供有价证券招股说明书的情况下进入交易所交易。

(本款由 2012 年 12 月 29 日第 282 号联邦法修订)

28. 如果证明所销售证券权利的外国发行人的有价证券获准公开配售或公开流转，则该发行人的相关信息以及其发行的有价证券信息的披露规则适用所销售有价证券及其发行人信息的披露情形。

(本款由 2014 年 7 月 21 日第 218 号联邦法修订)

第 51.2 条　职业投资人

(本条由 2007 年 12 月 6 日第 334 号联邦法修订)

1. 职业投资人是指本条第 2 款规定的人员，以及根据本条第 4 款和第 5 款被认定为职业投资人的人员。

(本款由 2011 年 2 月 7 日第 8 号联邦法修订)

第六章 附 则

2. 职业投资人包括：

(1)有价证券市场职业参与者；

(本项由2011年2月7日第8号联邦法修订)

①清算组织；

(本项由2011年2月7日第8号联邦法修订)

②根据活动目标和活动对象，有权发行结构性债券的专业金融公司；

(2)信贷机构；

(3)股权投资基金；

(4)投资基金、共同投资基金以及非国家养老基金的管理公司；

(5)保险机构和外国保险机构；

(本项由2021年7月2日第343号联邦法修订)

(6)非国家养老基金；

属于2007年7月24日第209号联邦法《俄罗斯联邦中小企业发展法》第15条第1款所规定的中小企业主体结构性支持基金形式的非营利性组织，该组织唯一创始人为俄罗斯联邦主体，其创建宗旨为获得封闭式共同投资基金的投资单位，为中小企业吸引投资，但仅限上述投资股票；

(本项由2008年12月22日第266号联邦法修订)

(7)俄罗斯银行；

(8)国家发展公司"俄罗斯联邦对外经济银行"；

(本项由2018年11月28日第452号联邦法修订)

(9)存款保险机构；

国有公司"俄罗斯纳米技术公司"，以及由其重组而产生的法人；

(本项由2010年10月4日第264号联邦法修订)

(10)包括世界银行、国际货币基金、欧洲中央银行、欧洲投资银行、欧洲复兴开发银行在内的国际金融机构；

俄罗斯联邦以负责在预算、税收、保险、货币和银行活动领域制定国家政策以及调整其法律规范的联邦权力执行机关为名义执行机关，其目的应当是将国家福利基金的资金分配给联邦投资基金，其信托管理由管理公司根据2016年6月2日第154号联邦法《俄罗斯基金直接投资法》的规定进行；

（本项由 2017 年 12 月 31 日第 486 号联邦法修订）

受俄罗斯联邦控制的组织、授权的国有公司及其控制下的组织，如果以购买投资基金股份为目的，则其信托管理由管理公司根据 2016 年 6 月 2 日第 154 号联邦法《俄罗斯直接投资基金法》进行或由其在上述联邦法律中所规定的子公司进行。就本条而言，控制是指直接或间接（控制人通过受控人直接或间接拥有 100% 的法定资本）持有占相关实体法定资本 100% 的股票或份额。受控人是指由控制人直接或间接控制的法人；

（本项由 2021 年 7 月 2 日第 325 号联邦法修订）

10.2 根据 2018 年 8 月 3 日第 290 号联邦法《国际公司和国际基金法》登记的国际基金（与外国发行人的有价证券实施交易时）；

（本项由 2019 年 11 月 26 日第 378 号联邦法修订）

10.3 符合下列条件之一的营利性组织：

根据俄罗斯联邦会计核算相关法规，包括根据规范会计核算领域的文件或根据国际标准所编制的最后一个报告期的年度会计（财务）报表，该组织的收入不少于 300 亿卢布，如果该组织是外国法人，则根据该外国法人依照准据法已到结算期的最后一个完整的结算年的年度财务报表计算收入；

（本项由 2021 年 6 月 11 日第 192 号联邦法修订）

根据俄罗斯联邦会计核算相关法规，包括根据规范会计核算领域的文件或根据国际标准所编制的最后一个报告期的年度会计（财务）报表，该组织的净资产不少于 7 亿卢布，如果该组织是外国法人，则根据该外国法人依照准据法已到结算期的最后一个完整的结算年的年度财务报表计算净资产；

（本项由 2020 年 7 月 31 日第 306 号联邦法修订）

(11) 联邦法律规定的其他属于职业投资人的人员。

3. 如果人员符合本联邦法以及根据本法通过的俄罗斯银行规范性法律文件规定的要求，则可以被认定为职业投资人。

（本款由 2013 年 7 月 23 日第 251 号联邦法修订）

4. 若自然人符合以下要求之一，即可被认定为职业投资人：

（本款由 2013 年 12 月 21 日第 379 号联邦法修订）

(1) 该自然人持有有价证券的总价值以及（或）该自然人签订的作为金融衍

第六章 附 则

生工具合同的债务总额符合俄罗斯银行规范性法律文件所规定的要求。同时，俄罗斯银行在计算总价值(包括债务总额)过程中对有价证券以及金融工具的要求及其计算程序规定；

(本项由2013年7月23日第251号联邦法修订)

(2)具有俄罗斯银行规范性法律文件所规定的一系列工作经验，包括与金融工具开展交易直接相关的工作经验、准备个人投资建议的经验、管理与在俄罗斯和(或)外国组织开展上述交易相关的风险的经验等，或具有根据联邦法律，在任命(选举)时需要符合俄罗斯银行任命某一职位的工作经验；

(本项由2013年7月23日第251号联邦法、2020年7月31日第306号联邦法修订)

(3)按照俄罗斯银行规范性法律文件规定的数量、范围和期限完成有价证券交易以及(或)签订金融衍生工具合同；

(本项由2013年7月23日第251号联邦法修订)

(4)该自然人财产总额及其计算程序由俄罗斯银行规范性法律文件规定；

(本项由2013年12月31日第379号联邦法修订)

(5)具有俄罗斯银行规范性法律文件所规定的金融市场领域的学历，或具有根据2016年7月3日第238号联邦法《资格独立评估法》第4条第4款的规定而颁发的资格证书所确认的资格，或至少拥有一种俄罗斯银行所规定的清单中包含的国际证书(证明)。

(本项由2020年7月31日第306号联邦法修订)

5. 如果法人是根据2018年8月3日第290号联邦法《国际公司和国际基金法》因与俄罗斯发行人的有价证券进行交易而登记的营利性组织或国际基金，则其可被视为职业投资人，并应当符合以下要求之一：

(本款由2013年12月21日第379号联邦法、2019年11月26日第378号联邦法修订)

(1)拥有俄罗斯银行规范性法律文件所规定的个人资产总额；

(本项由2013年7月23日第251号联邦法修订)

(2)按照俄罗斯银行规范性法律文件规定的数量、范围和期限完成有价证券交易以及(或)签订金融衍生工具合同；

(本项由 2009 年 11 月 25 日第 281 号联邦法、2013 年 7 月 23 日第 251 号联邦法修订)

(3)拥有在俄罗斯银行规范性法律文件所规定期限内会计(财务)报表所确定的收入额;

(本项由 2013 年 7 月 23 日第 251 号联邦法、2021 年 6 月 11 日第 192 号联邦法修订)

(4)拥有俄罗斯银行规范性法律文件规定的上一个结算年度的会计核算数据的资产数额。

(本项由 2013 年 7 月 23 日第 251 号联邦法修订)

6. 失效。2009 年 11 月 25 日第 281 号联邦法。

7. 经纪人、受托人、外汇交易商、联邦法律规定的其他人员(以下简称"办理职业投资人认定的人员")需提交申请,并依照俄罗斯银行所规定程序被认定为职业投资人。

(本款由 2013 年 7 月 23 日第 251 号联邦法、2020 年 7 月 31 日第 306 号联邦法修订)

8. 如果人员提交虚假信息而被认定为职业投资人,所造成的后果不适用本法第 3 条第 6 款和第 5 条第 8 款规定的内容。人员提交虚假信息而被认定为职业投资人,并不是认定该人员所实施交易无效的依据。

9. 人员可能因一种或几种类型的交易、或证券以及其他金融工具、一种或几种类型的为职业投资人提供的服务而被认定为职业投资人。自然人如果为获得投资机会,未受到与调整利用投资平台吸引投资的相关联邦法所规定的限制而利用投资平台,则也可以被认定为职业投资人。

(本款由 2019 年 8 月 2 日第 259 号联邦法、2020 年 7 月 31 日第 306 号联邦法修订)

10. 办理职业投资人认定的人员有义务通知职业投资人关于其被认定为职业投资人的有价证券和其他金融工具或服务的类型。

如果自然人被认定为职业投资人,进行认定的人员有义务告知该自然人个人认定结果。金融市场领域自律组织成员按照其在金融市场领域提供服务的接受者——自然人和法人权益保护基本标准所规定的程序和形式作出上述

第六章 附 则

通知，上述标准根据 2015 年 7 月 13 日第 223 号联邦法《金融市场领域自律组织法》的要求制定、同意并批准。

（本款由 2020 年 7 月 31 日第 306 号联邦法修订）

11. 办理职业投资人认定的人员有义务要求被认定为职业投资人的法人确认其符合其被认定为职业投资人所必需的要求，并核查其是否符合上述要求。该项核查应在协议规定的时限内进行，但每年不得少于 1 次。

12. 办理职业投资人认定的人员有义务按照俄罗斯银行规定的程序编制被认定为职业投资人的人员登记簿。根据人员申请或未遵守其被认定为职业投资人而必须遵守要求的投资者将被排除在上述登记簿之外。

（本款由 2013 年 7 月 23 日第 251 号联邦法修订）

12.1 办理职业投资人认定的人员有权根据其他人员所认定的职业投资人登记簿上的信息，认定某人员为职业投资人。在这种情形下，如果某人员根据本款规定被非法认定为职业投资人，则适用本联邦法和其他联邦法所规定的非法认定某人员为职业投资人所造成的后果。

（本款由 2020 年 7 月 31 日第 306 号联邦法修订）

13. 除非本法另有规定，职业投资人特用的有价证券持有权，除本条第 2 款规定的人员外只能由托管机构按照本联邦法第 7 条规定的程序予以登记。

（本款由 2019 年 12 月 27 日第 454 号联邦法修订）

14. 职业投资人特用的有价证券招股说明书的要求，以及上述证券及其发行人相关信息的构成要素和披露程序的要求，需在考虑俄罗斯银行规范性法律文件所规定的豁免情形和特性的基础上予以适用。

（本款由 2013 年 7 月 23 日第 251 号联邦法修订）

15. 自然人被认定为职业投资人后，办理该认定的人员有义务每年至少 1 次告知该自然人有权申请退出职业投资人登记簿。同时，办理该认定的人员有义务指出该自然人以金融市场领域自律组织在金融市场领域提供服务的接受者——自然人和法人权益保护基本标准所规定的范围和程序行使该权利的后果，上述标准根据 2015 年 7 月 13 日第 223 号联邦法《金融市场领域自律组织法》的要求制定、同意并批准。

（本款由 2020 年 7 月 31 日第 306 号联邦法修订）

16. 如果某一人员被认定为职业投资人，那么根据联邦法的要求与其签订服务合同，应当只能与职业投资人或为其提供服务的有权办理该认定的人员签订。

（本款由 2020 年 7 月 31 日第 306 号联邦法修订）

第 51.2.1 条　自然人的测试

（本条由 2020 年 7 月 31 日第 306 号联邦法修订）

1. 经纪人、外汇交易商以及联邦法中规定的其他人员（以下简称"测试人员"）有权依照金融市场领域自律组织在金融市场领域提供服务的接受者——自然人和法人权益保护基本标准所规定的程序对非职业投资人的自然人进行测试，上述标准根据 2015 年 7 月 13 日第 223 号联邦法《金融市场领域自律组织法》的要求制定、同意并批准。

2. 测试通过获取自然人对相应投资者权利保护基本标准所规定的问题的回答进行。在测试过程中，自然人可能会被收到由测试人员的内部文件所规定的附加问题（以下简称"附加测试问题"）。否定的测试结果不能通过回答附加测试问题来变更。所有测试问题的编制必须使对其的回答可以评估被测自然人的经验和知识，并能够表明该自然人能够在考虑到所提供的交易和服务的基础上评估风险。该测试免费进行。

3. 无论自然人是否提交委托或实施其他需要正向测试结果的签订合同必要的行为，其测试均可以正常进行。在收到自然人的正向测试结果后，除非合同规定了其他情形，否则不再进行重新测试。重新测试免费进行。

4. 进行测试的规则和程序、测试问题的清单，包括根据与该测试有关的交易和（或）合同制定问题清单的程序、制定附加测试问题清单的程序要求、确定测试结果正面抑或负面的程序、保存测试结果信息的程序以及向自然人发送测试结果通知的形式和程序，均由投资者权利的基本标准予以规定。

5. 测试人员有权根据合同吸引有价证券市场的职业参与者进行测试。如果吸引有价证券市场的职业参与者进行测试的测试人员违反本条所规定的要求，则适用本联邦法和其他联邦法所规定的后果。

第 51.3 条　回购协议

（本条由 2009 年 11 月 25 日第 281 号联邦法修订）

第六章　附　则

1. 回购协议是指，一方（回购协议卖方）应在协议的规定期限内向另一方（回购协议买方）转移有价证券所有权，而协议买方应接受有价证券并为其支付确定金额（回购协议第1部分），并依照回购协议在该协议规定期限内转移有价证券所有权，而卖方应依照回购协议接受有价证券并为其支付确定金额（回购协议第2部分）。

如果该协议的一方是经纪人、证券交易商、托管机构、受托人、清算组织或信贷机构或者该回购协议是由为该自然人服务的经纪人签订的，则可以签订由自然人出资的回购协议。

2. 回购协议中的有价证券可以是俄罗斯发行人的可发行有价证券、由俄罗斯管理公司进行信托管理的单位投资基金的投资份额、参与清算证书、外国发行人的股票或债券、外国投资基金的投资份额或股票以及证明俄罗斯和（或）外国发行人证券权利的外国发行人的有价证券。

（本款由2015年6月29日第210号联邦法、2018年12月27日第514号联邦法修订）

3. 若协议双方已商定发行有价证券的主体名称、种类和数量，以及与其相关的股票种类（类型）、共同投资基金投资份额的共同投资基金名称、参与清算证书的财产分配的唯一标志，则有价证券回购协议的条件视为协商一致。有价证券回购协议的条款可以通过确定对有价证券及其数量要求的方式进行协商。此外，回购协议中应当规定，协议中被赋予按照回购协议第1部分应当转让有价证券的选择权的一方。回购协议中关于有价证券数量的条款可通过制定确定有价证券数量程序的方式进行协商。

（本款由2015年6月29日第210号联邦法修订）

4. 如果协议双方同意根据回购协议第1部分和第2部分或其确定程序协商被转让有价证券的价格，则回购协议中关于有价证券价格的条款被视为协商一致。

5. 如果协议双方同意回购协议的第1部分和第2部分中支付价格的期限，以及当事人履行转让有价证券义务的期限，则该回购协议中关于期限的条款被视为协商一致。回购协议第2部分的义务履行期限可按约定的时间予以确定。

6. 转让有价证券的义务在交付实物有价证券时被视为已履行，如果转让的为无纸化证券或非移动化实物证券，则从其记入到有价证券持有人登记簿中购买方的个人账户或其托管账户时视为已履行。

7. 回购协议卖方应将不存在第三方任何权利的有价证券转让给买方，除非回购协议买方同意接受负担第三方权利的有价证券。如果无须证明回购协议买方是否知道或应该知道第三方对有价证券的权利，则回购协议卖方未履行回购协议义务，买方有权要求终止该回购协议。

回购协议买方根据回购协议应向卖方转让不含第三方任何权利的有价证券，除非在执行回购协议第 1 部分时买方获取的有价证券负担了第三方权利。

8. 回购协议第 1 部分的义务履行完毕和(或)终止后，回购协议第 2 部分的义务未以实物履行的，可以通过抵押方式履行，如果上述义务允许被清算，或处于本条第 15.1、16、16.1 和第 20 款规定的情形下，则可以通过清算规则(开展清算活动的规则)规定的其他方式履行。

(本款由 2011 年 2 月 7 日第 8 号联邦法修订)

9. 除非本条另有规定，回购协议买方应依照回购协议第 2 部分的规定向卖方转让同一发行人(发行有价证券的人员)证明同等权利，并且与根据回购协议第 1 部分转让给买方的有价证券数量相同的证券。

10. 如果根据回购协议第 1 部分转让的有价证券被转换，回购协议买方依据回购协议第 2 部分向协议卖方转让根据协议第 1 部分所转让的被转换有价证券。上述规则也适用于买方根据本条第 11 款和第 12 款的规定所获取的有价证券。

11. 回购协议可规定回购协议买方在履行回购协议第 2 部分转让有价证券义务前要求回购协议卖方交换根据回购协议第 1 部分规定取得的有价证券、转换的有价证券和其他证券。在此种情形下买方应转换根据回购协议第 1 部分获取的有价证券，根据回购协议第 2 部分规定转让因转换而取得的有价证券。该原则适用于回购协议买方根据本条本款及第 12 款规定因转换而获取有价证券。在此种情形下，回购协议应规定执行该转换的条件。

12. 回购协议可规定回购协议卖方在履行回购协议第 2 部分规定时向回购协议买方转让替换回购协议第 1 部分规定的有价证券，转换的有价证券，及

第六章 附则

其它有价证券的义务前的权利。在此种情况下，回购协议买方应替换根据回购协议第 1 部分获取的有价证券，根据回购协议第 2 部分转让该替换的有价证券。根据本条第 11 款及本款规定，该规则适用于买家根据回购协议第 1 部分规定因替换而获取的有价证券。在此种情形下，回购协议应规定执行该转换的条件。

13. 如果有权从发行人或发行证券的人员处获得资金以及其他财产，包括股息和根据回购协议第 1 部分规定转让的有价证券分红的人员名单，或根据本条第 10.12 款和 14 款规定确定履行根据回购协议第 1 部分转让有价证券的义务后，在履行回购协议第 2 部分规定的义务前的期间内，回购协议买方应向回购协议卖方转让资本，以及发行机构或发行人的其他财产，包括股息和根据回购协议转让的有价证券的分红，在合同规定期限内，若回购协议未规定回购协议第 2 部分中规定的被转让有价证券的价格，上述资金和其他财产的数额可能会减少。

14. 在回购协议确定的转让有价证券价格变更，或者回购协议规定的其他情况下，回购协议可以规定一方或各方的义务，即向另一方给付价款或者转让有价证券的义务。在此种情形下，根据回购协议第 2 部分规定应当转让有价证券的买方支付价格或卖方转让数量增加，或应当转让有价证券买方支付价格或卖方转让数量减少时，如果回购协议中未规定上述价款和证券获取方的义务，应当根据回购协议第 2 部分的规定加以返还。该回购协议应确定本款规定义务产生的依据，确定支付（转让）资金数额（有价证券数量）的程序，以及其支付的期限和程序。本条第 10 至 13 款规定的规则适用于依据本条款规定获取有价证券的回购协议双方的权利和义务。

15. 回购协议可以为提前履行回购协议第 2 部分项下的义务提供依据，包括一方不履行或不当履行回购协议项下双方订立的其他协议项下对另一方的义务的情形，或者其中一方不履行或者不当履行回购协议与他人订立的协议项下的义务。

如果在回购协议第 2 部分履行转让证券的义务之前根据回购协议清偿的债券已全额清偿（转换除外），回购协议第 2 部分规定的义务将在未以实物和回购协议规定的方式履行的情况下终止。

(本款由 2011 年 2 月 7 日第 8 号联邦法修订)

16. 如果回购合同的一方或双方,不履行或不适当履行回购合同第 2 部分的义务,如存在以下条件之一,则回购合同的义务将被终止:

(1)买方根据回购合同以相等(等于)证券价值或其他财产的金额,进行现金支付(转让证券,其他财产),如买方并未根据回购合同执行转让义务和违约金额,则根据回购合同中在现金(证券价值,其他财产)的数额上规定的违约金额对其进行处罚,如卖方在回购协议下不履行转让责任,则根据回购合同中规定的违约金额对其进行处罚;

(2)卖方根据回购协议以超过证券价值或其他财产的金额(数量),进行现金支付(转让证券,其他财产),如卖方并未根据回购合同执行转让义务和支付违约金额,则根据回购合同中在现金、证券价值、其他财产和资金的数额上规定的违约金额处罚,如买方在回购协议项下不履行转让责任,则根据回购合同中规定的违约金额处罚;

(3)有价证券、其他财产和资金的价值,各方未履行回购协议项下的转让义务,以及如果回购协议规定了违约金,则规定的违约金数额对各方相同。根据本款规定的回购合同双方当事人义务终止时确定被使用资金额的程序,由回购协议或协议双方的其他协议确定。

若转让有价证券的价值高于(低于)回购协议规定的价值,或者与协议约定一致时,回购协议可规定回购协议义务终止的情形。若存在本条第 16 款第 1 至第 3 项规定的条件之一,则允许根据该情形终止义务。

(本款由 2011 年 2 月 7 日第 8 号联邦法修订)

17. 回购协议可规定买方未完成回购协议确定转让有价证券交易的义务。这种情况下,应当规定对于回购协议买方个人账户和回购账号权利的限制措施。回购协议买方权利限制确定的程序、限制措施终止程序,以及个人账户和回购账户限制措施实施的条件由俄罗斯银行规范性法律文件规定。

(本款由 2013 年 7 月 23 日第 251 号联邦法修订)

18. 在回购协议双方协商的基础上,回购协议可以约定确定应转让资金数额(证券量)的人,其可以向当事人提出回购协议规定的要求,要求为完成与登记证券托管账户相关的业务而实施必要行为。须参照本条第 17 款规定的限

第六章 附 则

制有价证券处置权的相关规定，实施回购协议各方行使权利和履行义务所必要的行为。该人员可以是结算组织、经纪人或是托管机构。

19. 如果协议双方拟签署一个以上的回购协议，缔结该协议的流程以及其个别条款可由各方通过缔结单一协议或以交易组织者规则加以确定。若回购协议有约定，则单一协议的规定也适用于回购协议的签订和履行(终止)情形。

(本款由2011年2月7日第8号联邦法、2011年11月21日第327号联邦法修订)

回购协议、总协议(单一协议)、交易组织者的规则和(或)清算规则可以规定，其个别条款由回购协议的示范性条款进行确定，而上述示范性条款由联合经纪人的金融市场领域自律组织、联合证券交易商的金融市场领域自律组织以及联合受托人的金融市场领域自律组织制定，并发表在公开出版物上或在互联网上公布。

(本款由2011年11月21日第327号联邦法、2016年7月3日第292号联邦法修订)

20. 总协议(单一协议)、交易组织者规则、交易所规则和结算规则可规定：

(本款由2011年11月21日第327号联邦法修订)

(1)根据本条第14款规定支付资金和(或)转让有价证券的条件和程序。同时，应支付款项和应转让有价证券的数量可根据缔约方就上述协议或规则条款而签订的一项回购协议、一组回购协议或全部回购协议予以确定；

(2)根据双方当事人依据此类总协议(单一协议)或此类规则规定条款，包括在另一方不履行或者不当履行回购协议项下义务时一方当事人提出的请求，所签订的一项回购协议、一组回购协议和(或)所有回购协议的义务终止时的依据和程序。同时，在存在本条第16款第1－3项规定条件之一的情况下，允许终止义务。

(本项由2011年2月7日第8号联邦法修订)

21. 若不违反本条规定和回购协议本质，俄罗斯联邦民法典买卖合同的相关规定可适用于回购协议。同时，如果被认定为回购协议卖方和买方，卖方应履行回购协议第1部分与第2部分所规定的转让有价证券义务，买方应履行回购协议第 1 部分和第 2 部分所规定的获取有价证券并支付款项的义务。

第 51.4 条　订立金融衍生工具合同的特性

(本条由 2009 年 11 月 25 日第 281 号补充，2010 年 1 月 1 日起生效，但生效时间不得早于该法公布之日起一个月)

1. 允许交易参与者就金融衍生工具合同进行交易所交易，条件是该合同的另一方是履行中央对手方功能的人员。如金融衍生工具合同仅在此类合同的另一方是作为中央对手方的人员的条件下订立时，俄罗斯银行可以规定其他情形。如不在交易所交易时订立作为金融衍生工具的无组织交易合同，如果其当事人之一不是作为中央对手方的人员，则必须确保根据俄罗斯银行规范性法律文件所规定的要求和情形履行此类合同产生的义务。

(本款由 2011 年 2 月 7 日第 8 号联邦法、2011 年 11 月 21 日第 327 号联邦法、2013 年 7 月 23 日第 251 号联邦法、2021 年 7 月 2 日第 353 号联邦法修订)

2. 若双方拟签订一个以上的金融衍生工具合同，该合同的签订程序，以及通过签订单一协议、和(或)确定分类、和(或)交易所交易规则、和(或)结算规则的个别规则可由缔约方经协商达成一致。若双方当事人已经事先在合同中加以约定，双方当事人适用订立单一协议的约定。

(本款由 2011 年 2 月 7 日第 8 号联邦法、2011 年 11 月 21 日第 327 号联邦法修订)

3. 金融衍生工具合同、总协议(单一协议)、交易所的规范和(或)规则以及(或)清算规则的合同，可以规定该合同(总协议、交易所的规范或规则、清算规则)中的个别条款由联合经纪人的金融市场领域自律组织、联合证券交易商的金融市场领域自律组织以及联合受托人的金融市场领域自律组织所制定的示范条款规定，并发表在公开出版物上或发布在互联网上。

(本款由 2011 年 2 月 7 日第 8 号联邦法、2011 年 7 月 11 日第 200 号联邦法、2011 年 11 月 21 日第 327 号联邦法、2016 年 7 月 3 日第 292 号联邦法修订)

4. 总协议(单一协议)、交易所的规范和(或)规则以及(或)清算规则，可规定终止全部金融衍生工具合同义务的理由和程序，包括在一方的请求下，

第六章 附则

如果另一方未履行或不适当履行金融衍生工具合同项下的义务。上述金融衍生工具合同应当由双方根据上述总协议(单一协议)、规范或规则所规定的条款签订。同时,应当规定确定金融衍生工具合同义务终止的一方转让资金金额(其他财产金额)的程序以及转移期限。

(本款由2011年2月7日第8号联邦法修订)

5. 总协议(单一协议)、金融衍生工具合同,以及为确保履行金融衍生工具合同义务而订立的协议,可以规定根据金融衍生工具合同和(或)为确保履行金融衍生工具合同义务而订立协议而确定所转让的资金数额(其他财产的金额)、提出上述协议规定的要求以及为各方行使上述协议项下的权利和履行义务所必需行为的人员。此类人员可以是作为上述协议一方当事人的清算组织、信贷机构、经纪人或托管机构,也可以是根据与上述协议各方签订协议行事的第三方。

(本款由2021年7月2日第353号联邦法修订)

(1)由自然人出资而非交易所交易的金融衍生工具合同,只能由经纪人或受托人签订。与自然人签订的非交易所交易的金融衍生工具合同,只能由以自己名义行事的经纪人以个人出资或客户出资方式签订。

(本款由2020年7月31日第306号联邦法修订)

(2)本条第5.1条规定的合同可由经纪人或受托人与自然人签订,或者在其根据本联邦法的规定被认定为职业投资人的情况下,由该自然人个人签订,或者如果该自然人未被认定为职业投资人,则须满足以下条件:

①合同规定自然人或以其账户行事的人员,有权要求另一方根据货物、证券价格变化、相应货币的汇率变化、根据上述指标之一或指标总值而计算的利率或价值变化转让有价证券、货币或要求支付货币金额,以及规定该自然人或以其账户行事的人员向另一方支付固定金额;

②有关确定和(或)计算本款第1项所规定指标程序的信息以及不少于一年内上述指标的每日数值信息,应由贸易组织者、外国交易所、托管机构、通讯机构或者其他符合经纪人所提供金融服务的接受者——自然人和法人权利和利益保护基本标准的规定,并且由被列入联合经纪人的金融市场领域自律组织披露上述信息动态人员名单中的法人披露;

③金融衍生工具不规定一方或多方向另一方转让商品或订立金融衍生工具合同的义务。

（本项由 2020 年 7 月 31 日第 306 号联邦法修订）

(3)非经纪人或受托人的法人违反本条第 5.2 款所规定条款的后果是，该法人有义务应自然人请求归还其根据金融衍生工具合同获取的全部物品，并赔偿该自然人在签订上述合同时产生的全部费用。

（本项由 2020 年 7 月 31 日第 306 号联邦法修订）

(4)经纪人或受托人违反本条第 5.2 款所规定条款的后果是，经纪人或受托人有义务赔偿自然人因签订和履行金融衍生工具合同而造成的损失，包括在其订立期间产生的全部费用，包括向经纪人、受托人以及清算组织支付的服务费用。

（本项由 2020 年 7 月 31 日第 306 号联邦法修订）

(5)根据本条第 5.1 款和 5.2 款的要求和条件订立的合同所产生的索赔受司法保护。

（本项由 2020 年 7 月 31 日第 306 号联邦法修订）

6. 在下列条件下允许在交易所签订金融衍生工具合同，且该合同规定了一方当事人根据能够证明一个或多个法人、或市政组织不履行或不当履行其义务情况的发生而支付价款的义务，条件为该合同双方当事人均为交易所交易的参与者，履行上述义务的人员可以根据联邦法律被认定为职业投资人，或者是被认定为职业投资人的法人，而另一方为之行事的人被认定为法人。

（本款由 2011 年 11 月 21 日第 327 号联邦法修订）

本款第 1 项所规定的合同，如果无论是否发生能够证明一个或多个法人、或市政组织不履行或不当履行其义务的情况，其金额的支付均由信贷机构、经纪人、证券交易商，以及根据其目的和标的有权发行结构性债券的专业金融公司承担，且有权获得上述款项的合同当事人或以其个人账户行事的人员为法人，则该合同准许订立。

（本款由 2011 年 11 月 21 日第 327 号联邦法、2018 年 4 月 18 日第 75 号联邦法修订）

7. 为职业投资人订立金融衍生工具合同，只能通过经纪人进行。上述规则不适用于联邦法律规定的职业投资人、自然人与经纪人或受托人签订该合同的情形,以及俄罗斯银行规定的情形。

(本款由2013年7月23日第251号联邦法、2020年7月31日第306号联邦法修订)

第51.5条 金融市场中合同的示范条款和总协议(单一协议)

(本条由2011年2月7日第8号联邦法修订)

1. 如果双方拟订立多于一份回购协议、一份金融衍生工具合同、和(或)另一类以有价证券、和(或)外汇、和(或)贵金属为标的的合同,则此类合同可以根据总协议(单一协议)所规定的条款订立。根据总协议(单一协议)所约定的条款,也可以订立本联邦法第51.7条所规定的合同(协议),规定一方(双方)支付保证金。同时,本款规定的合同条款以及总协议(单一协议)可以规定其个别条款由联合经纪人的金融市场领域自律组织、联合证券交易商的金融市场领域自律组织以及联合受托人的金融市场领域自律组织所批准的合同示范条款规定,并发表在公开出版物上或公布在互联网上。

(本款由2015年6月29日第210号联邦法、2015年12月30日第430号联邦法、2016年7月3日第292号联邦法、2021年7月2日第353号联邦法修订)

2. 联合经纪人的金融市场领域自律组织、联合证券交易商的金融市场领域自律组织以及联合受托人的金融市场领域自律组织有权批准本条第1款规定的合同示范条款。此类示范条款可以规定上述协议中的一类或几类条款。

(本款由2016年7月3日第292号联邦法修订)

3. 联合经纪人的金融市场领域自律组织、联合证券交易商的金融市场领域自律组织以及联合受托人的金融市场领域自律组织批准的示范合同条款应包括:

(本款由2016年7月3日第292号联邦法修订)

(1)终止一项合同、若干和(或)全部合同项下义务的理由和程序,总协议(单一协议)所规定的个别条款,包括如果一方未履行或不正当地履行协议规定的义务,根据另一方当事人的请求而终止义务的情形。此外,合同的示范条款应约定确定因终止上述合同义务而应当支付(转移)的款项(其他财产数额)的程序,以及支付(转移)期限;

(2)与延缓满足信贷机构债权人债权相关义务的终止程序、总协议(单一协议)的一方当事人的破产程序,以及因该终止行为而产生的货币净义务金额的确定程序,条件是:

(本项由2021年7月2日第353号联邦法修订)

根据总协议(单一协议)所签订的全部协议,包括本联邦法第51.7条规定的保证金合同(协议)终止义务,包括在义务履行期限尚未届满时终止;

(本项由2021年7月2日第353号联邦法修订)

在根据总协议(单一协议)所确定的日期终止义务,包括在一方当事人要求指定的日期,或仲裁法院作出的关于认定债务人破产的判决,以及启动破产程序之日前的日期终止义务。对于信贷机构而言,在撤销其开展银行业务的许可之日或在延缓满足信贷机构债权人的债权之日终止义务,具体选择取决于何种方式日期更早;

(本项由2021年7月2日第353号联邦法修订)

净义务根据所终止的全部义务确定,包括本联邦法第51.7条规定的保证金合同(协议)中的义务,不包括以利润损失和违约金(罚款、滞纳金)形式的损失赔偿;

(本项由2021年7月2日第353号联邦法修订)

(3)如果该协议包含本款第1项和第2项所列的相应示范条款,则应当表明总协议(单一协议)符合示范条款,并指出其他能够证明总协议(单一协议)符合上述示范条款的条件。

4. 联合经纪人的金融市场领域自律组织、联合证券交易商的金融市场领域自律组织以及联合受托人的金融市场领域自律组织批准的合同示范条款及修订信息,应以俄罗斯银行规范性法律文件规定的方式与俄罗斯银行达成一致。俄罗斯银行应当在收到相关文件之日起60日内就上述示范条款及其中的修订同意批准或拒绝批准。拒绝就合同的示范条款及修订信息达成一致的理由应当是其不符合本联邦法的要求，以及证券市场职业参与者的自律组织未能遵守俄罗斯银行有关规定此类协商程序的规范性法律文件要求。合同的示范条款及其修订信息可在与俄罗斯银行协商一致后公开发表或在互联网上公布。

（本款由 2013 年 7 月 23 日第 251 号联邦法、2016 年 7 月 3 日第 292 号联邦法修订）

5. 如果本条第 1 款规定的合同或总协议（单一协议）的一方是外国人，则上述合同或总协议（单一协议）的条款可以规定其部分条款由俄罗斯银行批准的外国组织名单中的外国组织制定（批准）的合同示范条款（其他类似文件）确定。

（本款由 2013 年 7 月 23 日第 251 号联邦法、2015 年 6 月 29 日第 210 号联邦法修订）

6. 失效。2015 年 12 月 30 日第 430 号联邦法。

7. 失效。2015 年 12 月 30 日第 430 号联邦法。

第 51.6 条　无纸化有价证券抵押和以其他方式负担的特性

（本条由 2015 年 6 月 29 日第 210 号联邦法修订）

1. 对于与无纸化证券抵押或以其他方式负担有关的关系，应在考虑本条所规定的特性基础上适用《俄罗斯联邦民法典》的规定。

2. 无纸化证券的负担自持有人登记簿或托管机构对持有人、信托管理机构或外国授权持有人的个人账户（托管账户）的负担记录形成之刻产生。在联邦法律规定的情形下，有价证券的负担产生于其转入登记有价证券负担权利的个人账户（担保账户）之刻。

联邦法律或合同可以规定有价证券的负担在更晚时刻产生。

在持有人、托管机构或外国授权持有人的个人账户（托管账户）上登记有价证券的负担记录时，应向登记员或托管机构提供能够识别所产生负担对其有利的人员信息，以及根据所规定的开立个人账户（托管账户）的范围提供与该人员相关的其他信息。

如果存在质押管理人也作为所产生负担对其有利的人员的信息，则有关质押管理人的信息会在有质押管理协议存在的情况下通过说明来表明。

（本项由2017年12月31日第486号联邦法修订）

如果登记员或托管机构作为托管代理人对托管协议项下转让给其托管的证券权利进行登记，则该有价证券的负担应登记在托管协议项下托管人的个人账户（托管账户）中。上述记录被登记之刻起，有价证券被视为根据托管协议移转至托管代理处。

（本项由2018年12月27日第514号联邦法修订）

3. 关于无纸化证券负担及其终止条款的记录应根据持有人、托管机构或外国授权的持有人的命令制作，并获得所产生负担对其有利人员的书面同意，或者在联邦法规定的情形下，或经权利持有人和进行无纸化有价证券权利登记的人员，以及所产生负担对其有利的人员的同意时，可以无须上述人员的命令制作记录。本款规定的书面同意形式，如果以具有合格电子签名的电子信息形式提供给登记员或托管机构，或者登记簿管理规则、或托管机构与就其有价证券设立负担的人员，以及所产生负担对其有利的人员所签署的协议条款中有所规定，且该协议附有简单的或不合格的电子签名，则视为已遵守本款规定的书面同意形式。

如果根据托管协议移转至登记员或托管机构进行托管的无纸化有价证券的负担条款发生变化或终止，则无须本款规定的命令和同意。在上述情形下，根据托管协议对委托托管人账户中的无纸化有价证券负担条款进行变更或终止的记录，应当基于与该登记员或托管机构签订的托管协议变更或终止制作。

（本项由2018年12月27日第514号联邦法修订）

4. 除非联邦法或合同另有规定，未经所产生负担对其有利的人员同意，设立负担的有价证券的相关人员无权处置上述有价证券，包括要求发行人或证券义务人员发行、购买或清偿设立负担的有价证券。

5. 除联邦法或合同所规定的情形外，所产生负担对其有利的人员无权处

第六章 附 则

置该设立负担的有价证券,包括要求发行人或证券义务人员发行、购买或清偿上述有价证券。

6. 在转换设立负担的有价证券时,登记员或托管机构无须所设立负担有价证券的相关人员的委托(命令),或无须所产生负担对其有利的人员的同意,即可以制作最新的负担记录。如果质押协议规定抵押证券转换成的证券不被视为处于质押状态,则不适用本条规定。

如果出质人凭借其是证券持有人的事实,除处于质押状态的有价证券之外,无偿额外获得其他证券,则登记员或托管机构无须出质人委托(命令)或无须经质权人同意,即可将该证券登入抵押记录。

7. 有价证券发行人(证券义务人)对设立负担的证券进行清偿或从第三方获取被负担的有价证券时,除行使本证券权利的人的意愿外,因清偿或取得证券而获得的钱款金额应由行使该债券权利的人员收取。如果根据质押条款将获取收入的权利转移给质权人,则不适用此规则。

如果负担条款规定,本款规定的款项由所产生负担对其有利的人员收取,则除合同另有规定外,应以此类钱款金额抵销债务偿还。

如果根据托管协议存放无纸化有价证券,则因清偿而获取的或从第三方获取的价款,应通过托管代理人在银行开立名义账户收取,除非托管协议另有规定,否则在出现托管协议中规定的转让此类证券的理由时,应根据托管协议将证券转让给受益人。如果托管协议项下的托管代理人是银行,则根据与托管协议同时签订的托管账户协议,将资金转入与该银行签订的托管协议项下的为委托托管人开立的托管账户。

(本项由2018年12月27日第514号联邦法修订)

8. 如果有价证券抵押协议规定由质权人行使被质押的证券权利,则负担记录必须包含关于质押证券的信息。在此种情形下,行使证券权利的人员名单应当包括有关以自己名义行使上述权利的质权人信息。

如果根据托管协议,由托管代理人行使所存放的有价证券权利,则行使该有价证券权利的人员名单中应当包含以自己名义行使上述权利的托管代理人。如果托管代理人为登记所存放证券权利的登记员或托管机构，则负担记录中应当包含关于行使该证券权利的托管代理人信息。

（本项由 2018 年 12 月 27 日第 514 号联邦法修订）

9. 非移动化实物有价证券的质押或其他负担的设立，应通过制作出质人托管账户或与设立负担的有价证券相关的人员的托管账户记录进行，或者通过记入已登记所负担的有价证券权利的个人账户（托管账户）进行。如果该权利负担设立，则适用本条规定的规则。

（本项由 2018 年 12 月 27 日第 514 号联邦法修订）

10. 为将无纸化有价证券记入托管代理人的个人账户（托管账户），须向开立此类账户的登记员或托管机构提供能够识别托管协议项下委托托管人以及受益人的信息，指明能够根据托管协议对存入该账户的证券行使权利的人员，并提供关于所存入证券的收入和支付价款应当移转至某一银行账户的详细信息。

上述有价证券自记入托管代理人账户之刻起被视为根据托管协议存放在托管代理人处。

托管代理人应当在不迟于知道或应当知道托管协议规定的根据托管协议将所存入证券转让给受益人的理由发生的次日，将其通知给登记员或登记所存证券权利的托管机构。

（本项由 2018 年 12 月 27 日第 514 号联邦法修订）

第 51.7 条 根据总协议（单一协议）中的条款而订立的协议中履行担保义务时保证金的特性

（本条由 2021 年 7 月 2 日第 353 号联邦法修订）

1. 仅俄罗斯发行人的可发行有价证券、俄罗斯管理公司进行信托管理的单位投资基金的投资份额、根据本联邦法第 51.1 条允许在俄罗斯联邦境内作为外国发行人的有价证券流通的外国金融工具，以及以俄罗斯联邦货币或外汇计价的货币金额，可以根据本法第 51.5 条第 1 款规定的协议作为保证金（或转移所有权）。在担保义务下不受转让的有价证券可以存入担保账户。

第六章 附 则

2. 如果存放在担保账户中的证券被转换，则担保物为该证券被转换成的有价证券。

3. 如果存放在担保账户中的证券被清偿，则担保物为现金或通过清偿此类证券而获得的有价证券。

4. 与担保账户中有价证券相关的收入和其他支付款项以及担保账户中的钱款利息或其他收入也属于担保物，除非保证金合同(协议)另有规定。

5. 如果以本联邦法第51.5条第3款规定的程序和理由终止担保义务(义务)，则应当在确定当事方(各方)因中止履行担保义务(义务)而应付(转让)的资金金额(其他财产的数量)，包括在确定净债务金额时计算担保账户中的有价证券价值和钱款数额。

6. 保证金合同(协议)中可以规定收到保证金的一方有权变更应付(可转让)的款项，包括在适当履行有担保义务的情况下，变更钱款金额，包括外汇，以及(或)具有相同担保价值的有价证券。确定保证金等额价值的程序由保证金合同(协议)规定，也可以在合同(协议)规定的情形发生后由当事人协商。

7. 根据本条第6款规定转换或清偿存放在担保账户中的有价证券，或变更担保物时，仅可担保本条第1款所规定的有价证券。如果因转换或清偿担保账户中的有价证券而收到本条第1款未规定的证券，则应当依照保证金合同(协议)中所规定的程序和期限变更所收到的有价证券。

第51.8条 如果提供担保是就总协议(单一协议)的条款订立协议的强制性条件，则在不转移担保标的物所有权的情况下终止协议中地提供担保义务的特性

(本条由2021年7月2日第353号联邦法修订)

在根据总协议(单一协议)的条款所订立的协议中的义务终止时，在不转移担保标的物所有权的情况下进行担保，如果提供担保是订立该协议的强制性条件，则应依照提供此类担保的协议规定的方式，以担保物的价值履行净义务，但须符合以下条件：

（1）担保标的物是银行账户协议下的权利、现金（根据适用的外国法律）、有价证券或俄罗斯银行规范性文件规定的其他类型的财产；

（2）持有担保标的物的人员或为协议各方的利益持有担保标的物的人员，或为他人的利益行事而登记作为担保标的物的证券权利的人员，均属于第三方，其应当遵守俄罗斯银行制定的要求；

（3）提供此类担保的要求由俄罗斯银行规范性文件、外国或外国协会的相关立法规定。外国及其协会名单由俄罗斯银行编制。

第52条　自2013年9月1日起失效。2013年7月23日第251号联邦法。

第53条　**本联邦法律的生效程序**

1. 本法自其正式公布之日起生效。

2. 向俄罗斯联邦总统提出建议，并委托俄罗斯联邦政府制定的规范性法律文件应与本法保持一致。

俄罗斯联邦总统

鲍里斯·叶利钦

莫斯科，克里姆林宫

1996年4月22日

第39号联邦法律